Se eu vir aquela árvore como toda a gente a vê, não tenho nada a dizer sobre aquela árvore. Não vi aquela árvore. É quando a árvore desencadeia em mim uma série conexa de emoções que a vejo diferente e justa. E na proporção em que essas ideias e emoções forem aceitáveis a toda a gente, e não só individuais, a árvore será a Árvore.

Álvaro de Campos

Copyright © 2019 Paulo Nunes de Abreu

Licensees may copy, distribute, display and make derivative works based on it only if they give the author the credits in the manner specified by these rights and only under a license identical to the license that governs this work.

Os Licenciados podem copiar, distribuir, exibir e fazer trabalhos derivados baseados neste somente se derem ao autor os créditos da maneira especificada por esses direitos e somente sob uma licença idêntica à licença que rege este trabalho.

Tittle: Arquitetar a colaboração: 5 passos para uma liderança facilitadora (edição para o Brasil)
Series: Arquitetar a colaboração (Book 1)
Paperback: 140 pages
Publisher: Independently published (August 9, 2018)
Language: Portuguese
ISBN-10: 1718083890
ISBN-13: 978-1718083899

Imagem de capa: *Campfire* sobre liderança facilitada no hotel eVolution em Lisboa, com os facilitadores (da esquerda para a direita): Eduardo Espinheira, Rita Oliveira Pelica, Bruno Azevedo, Luís Alberto Simões e Teresa Rosalino.

In memoriam

Ao meu querido falecido Pai – João Nunes Abreu – que deixou tantos amigos e amigas que o recordam com tanto carinho, o que é bem revelador da sua pessoa extraordinária.

Estou agradecido pela fortuna de me ter educado nos seus princípios e valores, que tanto me ajudam nos meus múltiplos papéis profissionais, como docente e investigador, como empreendedor e gestor, como facilitador de grupos e agora como autor.

Compreendo hoje, como antes não pude, a importância da dimensão espiritual na sua existência - a sua crença e Fé em Deus. Talvez seja por essa a razão que sempre sinto o aconchego forte da sua presença, guiando cada passo do meu caminho.

Por inexplicável que possa parecer, senti logo esta sua 'presença' na exata hora da sua morte, apesar de estar distante. E quando a minha irmã me ligou pouco depois, serena e já com as suas lágrimas enxutas, dizendo-me – o nosso Pai já não está entre nós. Mas ele estará sempre entre nós, respondi.

Unidos na sua memória ficamos todos aqueles e aquelas que tivemos a oportunidade de o conhecer e partilhar com ele uma parte das nossas vidas. Estou certo que o que mais deseja é que possamos continuar a ter aquela mesma alegria e o prazer de viver com que sempre me contagiou.

Paulo Nunes de Abreu

Acerca da série

Arquitetar a colaboração consiste em aplicar os conhecimentos da facilitação de grupos nas empresas e organismos públicos ou na própria comunidade para fazer emergir esse efeito mágico e sinérgico que se materializa num excelente trabalho em equipe.

"Arquitetar a Colaboração" é o título de uma série de livros dedicados à facilitação de grupos, seus princípios, métodos e técnicas, que podem ser aplicados por todas as pessoas que acreditam no poder da colaboração e do trabalho em equipe.

Trata-se de uma obra da autoria de Paulo Nunes de Abreu, psicólogo organizacional e gestor de empresas que desde os anos 90 tem vindo a aplicar os conhecimentos da facilitação de grupos neste duplo âmbito:

Por um lado, no âmbito da gestão, para obter resultados mais eficazes com o trabalho em grupo nas organizações, desenvolvendo equipes de alta performance.

Mas, também, no âmbito da consultoria, para desenvolver e aperfeiçoar a 'facilitação de grupos' como uma atividade profissional, crescentemente usada nos mais variados âmbitos empresariais, organizacionais ou comunitários.

Esta série oferece, por isso, um tipo de livro diferente para cada uma destas áreas de intervenção.

O 1º volume - **5 Passos para uma Liderança Facilitadora** – destina-se a a todos os líderes no século XXI, que adotam comportamentos facilitadores e envolvem cada vez mais os seus colaboradores na resolução conjunta de problemas e na tomada de decisão.

O 2º volume – **Facilitar Grupos e Liderar pela Facilitação** – é destinado a todos os consultores que já tenham algum contato com a gestão do trabalho em grupo e que pretendam conhecer com mais profundidade os princípios e os métodos da facilitação de grupos, de acordo com as competências-base da IAF (*International Association of Facilitators*).

Acerca do autor

Como Facilitador Profissional Certificado da IAF (*International Association of Facilitators*), sou membro-fundador do capítulo português dessa associação e fundei o *col.lab | collaboration laboratory* onde trabalho com gestores, formadores, professores e outros facilitadores de grupos interessados em alcançar resultados extraordinários através do trabalho em equipe. Como fundador das Cimeiras Ibéricas de Líderes em Saúde e do Fórum Hospital do Futuro em Portugal, desenho intervenções com métodos e técnicas de facilitação e tecnologia para otimizar a inovação e gestão da saúde. Desde 1996 que me especializei em sistemas de suporte à decisão em grupo e escrevo regularmente sobre esta temática.

Sou licenciado em Psicologia das Organizações pelo ISPA, mestrado em Gestão de Informação pela Universidade de Sheffield e doutorado em Ciências de Gestão pela Universidade de Lancaster. Desde 1996, como sócio-gerente na groupVision, fui consultor do Governo Regional da Madeira, professor no ISPA e na Escola de Negócios da Universidade de Lisboa. Levei a cabo diversos trabalhos de consultoria e projetos de investigação para o ISEG, INETI, Ministério da Saúde Portugal, Eureko BV, Observatório Europeu da Droga, Câmara Municipal de Évora, várias empresas do grupo EDP, Iberconsult Landwell, KPMG e Price Waterhouse Coopers, em Espanha.

Acerca da IAF International Association of Facilitators

Trata-se da maior e mais reputada associação mundial de facilitadores, com presença em 5 continentes, USA e Canadá, América Latina, Europa e Médio Oriente, África, Ásia e Oceania. Para mais informações: https://www.iaf-world.org/

Legenda de ícones mais usados

- Referência bibliográficas

- Referências na *Internet*

- Exemplos

- Resumo

- Conteúdos de uma reunião

- Processos, reuniões planejadas

- Minhas observações

- Citações e definições

- Lista de atributos de um conceito, *check list*.

- Referência a conteúdos apresentados adiante, corta-caminhos

- Referência imediatamente abaixo

- Colaboração espontânea, referência na comunidade

Colaboração genuína

 Aviso, cuidados a observar

 Lista de questões para reflexão

 Ponto a destacar, *Take away*

 Conselho prático para uma sessão

Tabela de conteúdos

In memoriam	3
Acerca da série	4
Acerca do autor	5
Legenda de ícones mais usados	6
Tabela de conteúdos	8
Índice de figuras	10
Índice de tabelas	11
Índice de imagens	12
Prefácio	13
I. Introdução	**15**
O propósito deste livro	15
Um novo paradigma	16
Porquê arquitetura da colaboração?	17
Um novo paradigma	23
Em resumo	25
II. Líderes facilitadores	**27**
O que fazem os facilitadores?	27
Os valores da decisão participada	29
Líder facilitador vs. facilitadores de grupos	31
Valores Fundamentais da Facilitação	34
Em resumo	36
III. Os passos para a colaboração	**37**
Como fazer a colaboração funcionar	37
Envolver as partes relevantes	38
Construir o consenso	39
Projetar o processo de colaboração	53
O mapa do processo	53
Nomear um facilitador para o processo	59
IV. A gestão da memória do grupo	**65**
Criando um senso de participação	65
Os problemas da memória de grupo	70

Em resumo	75
V. Outros aspectos a considerar: STEPS	**77**
O poder de síntese de um acrônimo	77
VI. Apoio da tecnologia	**95**
O dealbar da colaboração	95
Artefatos para a colaboração	100
Manter a objetividade do grupo	103
Libertar o potencial criativo dos grupos	107
Em resumo	110
Anexo I	**113**
Anexo II	**123**
Anexo III	**127**
Facilitação de grupos em português	**129**
Referências bibliográficas	**133**
Referências	**135**

Índice de figuras

Figura 1 - Uma visão sistémica para os processos colaborativos (Strauss, 2002)....................22

Figura 2 - A importância de uma estrutura conceitual partilhada na resolução de um problema....................25

Figura 3 - Diferença entre um grupo e uma equipe....................42

Figura 4 – Diagrama de fluxo de tempo numa reunião convencional - Williams, R.B. (2007)....................44

Figura 5 - Articulação entre líder e facilitadores nos 5 passos para a colaboração....................59

Figura 6 - O modelo hierárquico dos processos colaborativos ..53

Figura 7 - Agenda de uma reunião convencional (Kaner, et al. 2007)....................55

Figura 8 - Agenda de uma reunião com uma colaboração planejada (Strauss, 2002)....................55

Figura 9 - O uso da colaboração aumentada no contexto global das reuniões....................98

Figura 10 - O papel das microestruturas na produção de resultados (Lipmanowicz & McCandless 2013)....................107

Figura 11 - Os métodos de interação em grupo, Lipmanowicz and McCandless (2013)....................108

Índice de tabelas

Tabela 1 - Os diferentes cargos de um arquiteto da colaboração 19
Tabela 2 - Valores de grupos participativos de Sam Kaner e as competências dos facilitadores 30
Tabela 3 - Diferenças entre facilitadores e líderes facilitadores 33
Tabela 4 - Os valores da facilitação de grupos aplicados à liderança facilitadora 34
Tabela 5 - Principais sintomas de aplicação de reuniões convencionais para a resolução de problemas complexos 46
Tabela 6 - A cultura dominante em reuniões convencionais vs. reuniões participativas 48
Tabela 7 - Diferenças entre uma reunião e um workshop 50
Tabela 8 - Quando realizar um workshop 51
Tabela 9 - Papéis de facilitador e líder na planificação da agenda de um workshop (Kaner, 2007) 61
Tabela 10 - Criando um senso de participação numa reunião....67
Tabela 11 - Variáveis a considerar para projetar um processo colaborativo num workshop (Spencer 1989) 78
Tabela 12 - Diferenças entre pontos a tratar e produtos da reunião 87
Tabela 13 - Diferentes estilos de facilitação segundo as escolas de origem 93
Tabela 14 - Diferentes tecnologias que aumentam os 3 tipos de colaboração 101

Índice de imagens

Imagem 1 - Os ecrãs interativos ou *team displays* e a revolução digital..17
Imagem 2 - Um mundo de materiais (não digitais) para facilitação de workshops..20
Imagem 3 - Espaços para a colaboração ou 'huddle rooms' 40
Imagem 4 - "Huddle rooms" como tendas beduínas na sede da AirBnB 41
Imagem 5 - Aspecto de uma sala de workshop no centro de futuro LEF..80
Imagem 6 – Exemplo de quadro digotal para anotações numa reunião...96
Imagem 7 - Exemplo de uma sala de decisão com o GDSS Spilter 98
Imagem 8 - Uso de software de ideação nova classe de GDSS - GroupMap 99

Prefácio

Não posso precisar bem a data, mas foi seguramente um momento-chave na minha formação como facilitador de grupos e, mais tarde, como líder facilitador.

A primeira vez que li o livro - *How to Make Collaboration Work: Powerful Ways to Build Consensus, Solve Problems and Make Decisions* – encontrei um sentido para aquilo que, na prática, já vinha a realizar desde o início da minha vida profissional.

Tomei consciência que facilitar grupos era uma profissão e que eu não estava só neste desígnio de acreditar que a colaboração e a gestão participada, podem transformar as pessoas, os grupos, as organizações e, bem assim, a própria sociedade no seu todo.

Considerado por muitos como o pai da facilitação de grupos, David Strauss, identificou e publicou em 2002 os cinco princípios a seguir para desenhar um processo de colaboração e são esses princípios que irei abordar aqui.

Ao distinguir entre conteúdos e processos de grupo, os líderes facilitadores aperfeiçoam-se no uso de métodos e técnicas de intervenção que lhes permitem exercer uma forma de liderança colaborativa, através da qual, um grupo se transforma numa equipe bem coesa, que assume a responsabilidade pelas tarefas atribuídas e se organiza para as poder levar a cabo com sucesso.

Este livro, é o 1º volume da série "Arquitetar a Colaboração" e destina-se a todos os gestores e consultores que se queiram aperfeiçoar como líderes facilitadores.

Se, após este livro, sentir que ainda precisa de saber mais sobre os princípios e as técnicas de facilitação de grupos, então o volume 2 desta série poderá ser-lhe útil.

Como as competências da IAF - *International Association of Facilitators* – nos mostram bem, a facilitação de grupos é um processo amplo que inclui o diagnóstico do contexto, a contratação com o cliente, o desenho da sessão, ou seja, um conjunto de tarefas que têm muito mais a ver com aquilo que eu designo por "arquitetura da colaboração" do que com os processos grupais e a dinâmica de grupos propriamente dita.

No entanto, todas estas tarefas (diagnosticar, contratar, planear, intervir e avaliar) são igualmente importantes e é a sua diversificação que dá uma vida e um sabor tão especial ao exercício de uma liderança facilitadora, que gera a plena satisfação do grupo por uma colaboração genuína.

I. Introdução

O propósito deste livro

Hoje em dia, a partilha do conhecimento é um dos fatores mais importantes para aumentar a produtividade de uma organização. O conceito de **arquitetura da colaboração** ganha a sua importância no contexto da atual revolução digital, onde aparecem cada vez mais novas tecnologias que aumentam a eficácia das reuniões e do trabalho em equipe.

Este livro destina-se a todos os líderes no século XXI, que adotam comportamentos facilitadores e envolvem cada vez mais os seus colaboradores na resolução conjunta de problemas e na tomada de decisão.

A contribuição fundamental de um **arquiteto da colaboração** centra-se no domínio das pessoas – *peopleware* – onde ela ou ele será essencialmente um **líder facilitador** que adota os valores e os princípios da facilitação de grupos para criar uma cultura de reuniões mais colaborativas e poder obter os melhores desempenhos nas organizações que dirige.

Para isso, iremos abordar:

- Na introdução, a emergência de um novo paradigma para a resolução de problemas e a decisão em grupo.

- No capítulo II, o que são e o que fazem os arquitetos da colaboração.

- No capítulo III, como arquitetar a colaboração.

- No capítulo IV, a gestão dos registos do grupo como uma peça-chave para facilitar a colaboração.

- No capítulo V, os cinco aspetos a considerar na produção da colaboração.

- Finalmente, no último capítulo, o apoio da tecnologia aos processos colaborativos.

Neste capítulo, iremos ver agora:

✓ **A revolução digital e um novo paradigma para a resolução dos problemas.**

Um novo paradigma

A revolução digital está a ter um impacto no local de trabalho num nível que só poderia ser previsto pelos escritores de ficção científica há apenas 40 anos. Um novo conceito surgiu em complemento ao de local de trabalho (*workplace*) - o espaço de trabalho (*workspace*) tal como descrito num artigo escrito por António Fernandes[i]:

> No conceito de *workspace* podemos aceder às nossas ferramentas de trabalho e interagir com nossos colegas de trabalho sem realmente estar fisicamente presentes. Isso significa que hoje em dia a tecnologia nos permite entrar no nosso espaço de trabalho mesmo sem estar fisicamente no local graças às interações digitais.

Em resultado, os escritórios físicos, tal como os conhecemos, estão evoluindo, abrindo o caminho para uma diversidade de novos locais de trabalho e aparecem novos conceitos como *co-working*[ii], *huddle rooms*[iii], *hot desking*[iv], entre outros.

Imagem 1 - Os ecrãs interativos ou *team displays* e a revolução digital

🌐 Segundo Melanie Pinola, da revista online *Lifewire*[v], o termo groupware faz referência a vários tipos de ambientes de trabalho colaborativos suportados por computador, incluindo o software, mas também os elementos de hardware para a colaboração, como a videoconferência e uma nova categoria de produto, as telas interativas de grande formato ou *team collaboration displays*[vi].

Porquê arquitetura da colaboração?

Sou um curioso sobre este termo desde que o uso como lema no meu perfil do *LinkedIn*. Neste livro, está a minha tentativa de uma resposta às seguintes perguntas:

🧠 O que é que faz realmente um arquiteto de colaboração? Onde intervém? Como?

Definir o conceito

Para responder a estas perguntas, precisamos primeiro abordar a noção de arquitetura da colaboração. Um referente teórico recente ajuda a organizar este tema em torno de três dimensões diferentes, que são todas igualmente necessárias: o domínio das pessoas (os atores), o domínio do local de trabalho e finalmente o domínio da tecnologia da informação.

Um artigo publicado no *Strategic Management Journal* em 2012 explica:

> "As empresas enfrentam cada vez mais pressões competitivas relacionadas com a adaptação rápida e contínua a um ambiente global complexo, dinâmico e altamente interconectado. As pressões desses desafios incluem ciclos de vida de produtos mais curtos e que incorporam múltiplas tecnologias na sua concepção, a co-criação de produtos e serviços com os clientes e parceiros, e a necessidade de alavancar o conhecimento científico e técnico em múltiplos setores.
>
> Em resposta, observamos a emergência de novos modelos de organização que são fundamentalmente diferentes (...) e baseados em três elementos principais:
>
> 1) Atores que possuem capacidades e valores para se auto organizar;
> 2) Imóveis comuns onde os atores acumulam e compartilham recursos; e
> 3) Protocolos, processos e infraestruturas que permitem a colaboração de múltiplos atores."

Um arquiteto de colaboração intervém nesses três níveis, mas com diferentes funções ou cargos profissionais (ver Tabela 1 - Os diferentes cargos de um arquiteto da colaboração).

Arquitetura da colaboração	Domínio	Posto de trabalho alternativo
Atores que possuem capacidades e valores para se auto organizar.	Pessoas	Facilitador de grupos
Imóveis comuns onde os atores acumulam e compartilham recursos.	Lugar de trabalho / espaço de trabalho (workplace / wokspace)	Designer / programador de *groupware*
Protocolos, processos e infraestruturas que permitem a colaboração de múltiplos atores.	TI (Tecnologia da informação)	Arquiteto empresarial / Engenharia informática

Tabela 1 - Os diferentes cargos de um arquiteto da colaboração[vii]

A importância do peopleware

A noção de *'people ware'* foi inventada por cientistas da computação para cobrir todos os aspetos críticos da dimensão humana e organizacional em qualquer projeto de Tecnologias de Informação (TI) que deva ser seriamente considerado.

Se essa noção foi útil no alvorecer dos tempos, mais ainda no século XXI, onde quase todos os projetos de TI têm extensos requisitos de trabalho colaborativo.

Quando me encontro com gerentes ou formadores nos mais diversos tipos de organização, há sempre uma insatisfação permanente com os processos de resolução de problemas e de tomada de decisões na organização. Isso muitas vezes leva a níveis variados de frustração no uso de tecnologias que devem facilitar a colaboração em grupo. Este é um tipo de lamentação que ouço frequentemente nas empresas que visito, relativamente a uma ferramenta colaborativa do Microsoft Office 365[viii] mas que bem poderia referir-se a qualquer outra:

"Temos o *Microsoft Teams* instalado na nossa empresa desde há um ano atrás, mas realmente ninguém o utiliza. É incrível como esta ferramenta bem usada e aproveitada poderia ser-nos muito útil. Por exemplo, cada vez que terminamos uma reunião os arquivos apresentados poderiam ser partilhados aqui de tal forma que este fosse um registo permanente da memória do grupo, sem ter que estar a fazer buscas nos e-mails recebidos, uma pura perda de tempo."

A era do papel
A revolução digital marcou o início da era da informação e seu impacto na maneira como as pessoas trabalham nas organizações está apenas começando a ser notado. Mas no que diz respeito à vida organizacional, e particularmente na realização de reuniões, muitas organizações ainda estão na chamada "era do papel". Os facilitadores do grupo ainda são tímidos quanto ao uso de ferramentas digitais na sala de reuniões. Os cavaletes ou *flipcharts*, quadros brancos, notas *post-it*, em que o papel e a caneta ainda são as ferramentas mais comuns adotadas pelos facilitadores de reunião em todo o mundo.

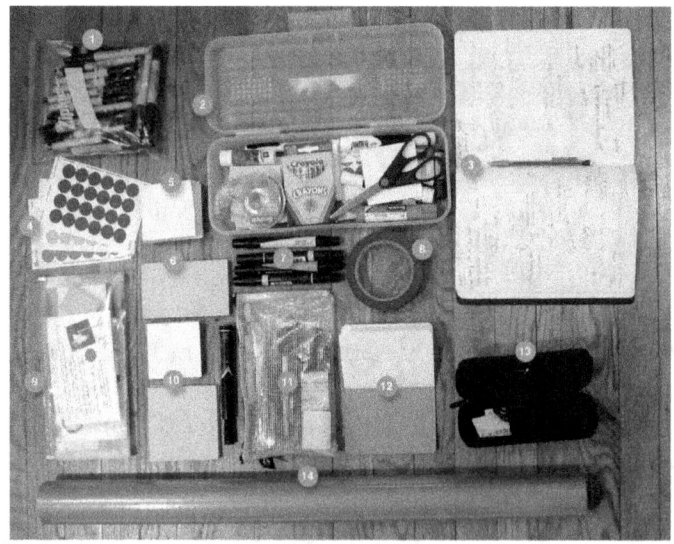

Imagem 2 - Um mundo de materiais (não digitais) para facilitação de workshops[ix]

Vazio digital
O impacto da era digital nas reuniões já começou. Graças ao enorme crescimento dos serviços de conferência na Web, os aplicativos *Skype, Webex , Go-To-Meeting* ou *Join Me*[x] são cada

vez mais populares e os ganhos de produtividade das reuniões on-line são cada vez mais claros e bem compreendidos. No entanto, na maioria das salas de reunião, ainda vemos um vazio digital e vários fatores explicam isso.

Uma razão para este suposto atraso é que os sistemas ou métodos de reunião mais populares ainda estão ancorados nesses artefatos em papel e lápis (ver Imagem 2 - Um mundo de materiais (não digitais) para facilitação de workshops). Isso explica por que a tecnologia de suporte a reuniões digitais ainda cresce tão lentamente no mundo corporativo.

Apesar da profusão de dispositivos digitais portáteis, ao participar de uma reunião, a maioria dos participantes ainda conta com anotações manuscritas em papel, especialmente quando é necessário criar esquemas ou diagramas. Na maioria dos casos, os registos de grupo ainda são feitos em *flipcharts* ou cavaletes de papel. Embora frequente em algumas salas de aula modernas, a adoção do software de *whiteboarding* que está presente nos chamadas lousas interativas ou quadros brancos interativos, está apenas começando no mundo empresarial.

Sempre que uma equipe usa um facilitador, a simplicidade e a eficácia das técnicas de papel e lápis convidam todos a esquecer o uso das tecnologias digitais durante o decurso de um *workshop*. Exceto nos intervalos, onde regressamos avidamente aos nossos dispositivos digitais para consultar e-mail, WhatsApp e outras redes sociais.

Uma visão para os processos colaborativos
Numa sociedade do conhecimento compartilhar é um dos fatores mais importantes para aumentar a produtividade de uma organização. Um arquiteto da colaboração deve ter uma percepção clara do 'domínio das pessoas' – *peopleware* - e dos seus requisitos para desenhar e gerir reuniões e processos colaborativos com o melhor desempenho.

Qual é a contribuição fundamental de um **arquiteto da colaboração** a esse nível?

Ela ou ele é essencialmente um **líder facilitador** que adota os valores e os princípios da facilitação de grupos para poder obter a melhor resposta à resolução de problemas que fazem parte do dia-a-dia das organizações que dirigem.

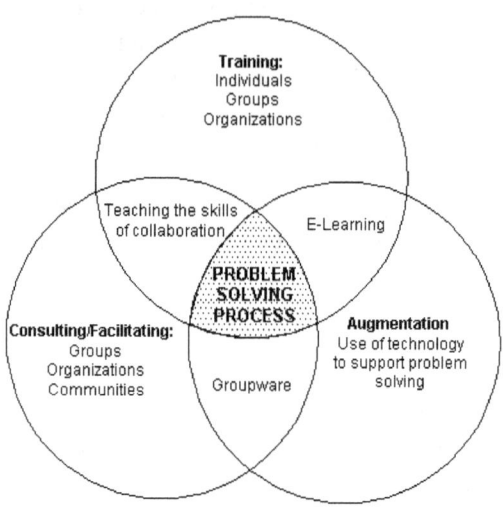

Figura 1 - Uma visão sistémica para os processos colaborativos (Strauss, 2002)

O início do século XX foi um período de aprendizagem intensa no âmbito da gestão de empresas com a emergência e posterior domínio dos princípios do Taylorismo [xi] e da organização científica do trabalho que lograram enormes ganhos de produtividade desde o dealbar da revolução industrial, mas sempre à custa de elevados custos humanos e sociais.

Nos anos 40 e 50, emergem as primeiras escolas de pensamento sócio técnico que descobrem os limites dos métodos científicos para lidar com a especificidade da natureza humana como foi o caso do Instituto Tavistock[xii]. O enorme potencial da inteligência, criatividade e motivação humana é largamente subaproveitado sempre que as pessoas são confinadas a atuar de forma automatizada e quase robótica em linhas de montagem ou em grandes organizações burocráticas.

Sistemas duros vs. sistemas brandos
No caso da engenharia é fácil encontrar o melhor algoritmo para realizar a gestão de stocks e otimizar a produção numa cadeia de montagem. Tratam-se de 'sistemas duros' onde a variabilidade do contexto é 100% controlada. Mas sempre que entramos em ambiente cambiantes e imprevisíveis, onde entra em jogo a elevada complexidade dos sistemas sociais e humanos, onde a própria definição do problema é em si mesmo um problema, então precisamos de um novo paradigma para a gestão.

> Por exemplo, como acabar com o problema da criminalidade nas grandes cidades no Brasil? Ou como resolver os fluxos migratórios no México ou no Mediterrâneo? Ou no âmbito empresarial, como podemos reter os clientes que nos abandonam? Ou como podemos reduzir custos sem baixar a qualidade da produção de um hospital?

Nestes casos estaremos no domínio dos sistemas brandos ou flexíveis nos quais nunca poderá existir uma solução ótima para 'um problema'. Num sistema brando, poderemos lograr apenas sucessivas melhorias numa 'situação-problema' onde a natureza do problema é indissociável do contexto que o origina e das pessoas que nele intervêm.

Um novo paradigma
Os problemas inerentes à resolução de problemas complexos devidos à separação Taylorista entre o planeamento e a execução e à falta de capacidade de resposta das grandes burocracias, despertaram a necessidade de uma mudança de paradigma.

> A Soft Systems Methodology (SSM) é uma abordagem poderosa para a gestão da complexidade desenvolvida por Peter Checkland e Brian Wilson[xiii] e está sendo usada hoje principalmente por consultores das TI (tecnologias da informação) como uma metodologia de

primeiro estágio para projetos de implementação de TIC. No entanto, o escopo da SSM é bastante amplo e muitos usuários relatam aplicações em empresas privadas e, sobretudo, na área da saúde e em organizações sem fins lucrativos.

A SSM – Soft Systems Methodology [xiv] - permite guiar e estruturar um debate para a obtenção de consensos através da criação de modelos de intervenção sistémicos e redutores de complexidade.

Tal como Peter Checkland, com a *Soft Systems Methodology*[xv] no Reino Unido, David Strauss realiza uma contribuição fundamental neste domínio ao reinventar a forma como os indivíduos e os grupos podem resolver os problemas com que se deparam as organizações e as comunidades, através da facilitação de processos colaborativos e da geração de consenso.

🎯 A descoberta fundamental do **pensamento sistémico**[xvi] é que não existe nunca uma resposta ótima aos problemas que envolvem as pessoas numa organização ou comunidade, como se estes pudessem ser solucionados com algum tipo de fórmula matemática, tipo certo ou errado. Em vez disso, ajuda-nos a encontrar sucessivas aproximações a uma solução que será tanto mais eficaz quanto seja o consenso alcançado no grupo que o poderá resolver.

A figura 2 abaixo, representa melhor que mil palavras esta mudança de paradigma na forma de resolução de problemas numa equipe, através da criação de uma visão partilhada acerca do problema e da geração de consensos para as ações a tomar.

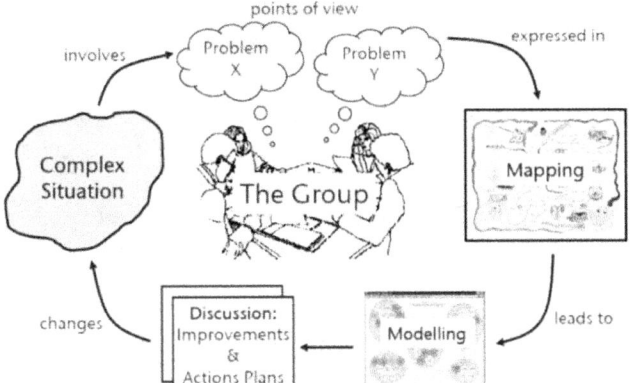
Figura 2 - A importância de uma estrutura conceitual partilhada na resolução de um problema

Os modelos conceituais que podemos usar no mapeamento desta visão de conjunto e para a obtenção de consenso numa equipe podem ser acelerados graças aos princípios e às técnicas de facilitação de grupos e é por isso que esta profissão está hoje tão em voga.

No próximo capítulo, iremos ver com mais detalhe os princípios da facilitação de grupos, em que consistem e como podem impactar no seio de um grupo e de uma organização.

Um gestor ou consultor que adoptar estes princípios e seja conhecedor destas técnicas converte-se num líder facilitador, a verdadeira essência de um arquiteto da colaboração.

Em resumo

Hoje em dia, a maioria das empresas de sucesso em todo o mundo prosperam graças a uma bem-sucedida colaboração grupal.

O processo colaborativo para a resolução de qualquer problema, poderá ser desenhado segundo um conjunto de princípios e valores da facilitação de grupos que podem ser aprendidos. Através da formação nas competências de facilitação, os gestores poderão aplicar estes princípios facilitando a resolução de problemas em grupos, organizações ou comunidades, para gerar o consenso.

Como iremos ver no último capítulo, a colaboração pode ser aumentada com a tecnologia *groupware*, cujas ferramentas GDSS (*Group Decision Support Systems*) aumentam a eficácia das interações entre os participantes combinando o valor da colaboração espontânea com as vantagens de uma agenda bem planejada, tanto em reuniões presenciais como virtuais.

Especificamente, a importância das interconexões entre a resolução de problemas em grupo e o uso da tecnologia para aumentar essa colaboração (ver figura 1) é hoje incontornável e deverá ser objeto de mais atenção por parte dos facilitadores e líderes facilitadores nas organizações do século XXI.

Num mundo cada vez mais interconectado e à medida que o trabalho e os processos de colaboração ocorrem cada vez mais à distância, o desafio para liderar e facilitar esses esforços com o apoio da tecnologia *groupware* torna-se cada vez mais relevante.

II. Líderes facilitadores

Uma vez definido um novo paradigma sistémico e participativo para a resolução dos problemas organizacionais, vejamos agora:

- ~~A revolução digital e um novo paradigma para a resolução dos problemas.~~
- **O que são e o que fazem os arquitetos da colaboração.**

É possível que muitos dos leitores já se tenham dado conta que adotam comportamentos facilitadores nas reuniões que conduzem. Especialmente, em todas aquelas reuniões onde o resultado procurado é que seja o próprio grupo a produzir as ideias ou a obter a solução para um problema, no qual você não intervém.

O que fazem os facilitadores?
- Ouvir ativamente, perguntar, parafrasear.
- Verificar o entendimento comum de termos e definições.
- Sintetizar ideias e oferecer resumos claros.
- Usar uma linguagem apropriada, neutra e inclusiva.

Com a prática podemos ir ganhando uma aprendizagem muito valiosa do nosso próprio modo de lidar com os grupos. No entanto, existem um conjunto de princípios e técnicas que nos podem fazer ganhar bastante eficácia neste propósito de extrair o máximo conhecimento partilhado de um grupo a ajudá-lo a chegar a um objetivo, seja este a resolução de um problema interno de qualidade, uma proposta para criação de um novo produto ou serviço ou uma decisão por consenso de grupo sobre uma mudança estratégica na organização.

Michael Doyle[xvii], um dos pais da facilitação de grupos, defende que as competências essenciais da facilitação de grupo não são exclusivas e podem estender-se para além do papel de facilitadora ou facilitador de grupos. Podemos, por isso, distinguir:

- Um '**individuo facilitador**': trata-se daquela pessoa que é competente e conhecedor das aptidões interpessoais e trabalho em equipe e que torna fácil o relacionamento no grupo. Ela ou ele assistem e apoiam os colegas na realização das tarefas de grupo.

- Um '**líder facilitador**': trata-se de alguém que detêm uma posição de poder formal numa organização, mas que é conhecedor dos princípios da facilitação de grupos para gerar processos participativos na organização a partir do envolvimento de todos os participantes e seu máximo compromisso com os resultados. Geralmente empregam facilitadores de grupo nas organizações que dirigem.

- Um '**grupo auto facilitado**' ou autónomo: emerge quando os princípios e as técnicas da facilitação de grupos estão já totalmente interiorizados por todos os membros do grupo que as empregam de forma espontânea e auto organizada. São grupos cujos membros trabalham bem entre si e que facilitam a inclusão de novos membros e as suas inter-relações com outros grupos.

Os valores da decisão participada

Em qualquer destes três papéis referidos por Doyle, verifica-se que as competências requeridas para o êxito da facilitação estão presentes em todos eles. Essas competências ou habilidades de facilitação são fundadas nos valores subjacentes à gestão participada ou à colaboração genuína.

📚 **Sam Kaner** e colegas (2007), propõem **4 valores básicos para a decisão participada** que estão subjacentes a todos os processos de colaboração genuína:

- Plena participação
- Compreensão mútua
- Soluções inclusivas
- Responsabilidade partilhada

Na Tabela 2 - Valores de grupos participativos de Sam Kaner e as competências dos facilitadores - descrevem-se quais as suas características e o impacto no processo de decisão e nas competências dos facilitadores.

Numa palavra, trata-se de acreditar que a participação empenhada de todos para uma tomada de decisão conjunta na resolução de um problema é a forma mais eficaz de colaboração humana – a colaboração genuína.

Valores	Características	Impacto no processo de decisão	Competência de facilitação
Plena participação	Num grupo participativo todos os membros são encorajados a participar e expressar-se livremente e sem quaisquer constrangimentos.	Numa reunião convencional as pessoas tendem a guardar para si as opiniões divergentes para evitar conflitos que são vistos como nefastos.	Os Facilitadores sabem honrar o grupo e afirmar a sua sabedoria e criam um ambiente seguro para que todos possam expressar as suas opiniões.
Compreensão mútua	Todos os membros do grupo compreendem e aceitam a legitimidade dos pontos de vistas uns dos outros.	Numa reunião convencional certos membros procuram convencer os outros das suas ideias e não se preocupam por ouvir diferentes perspectivas sobre o problema cuja solução é conhecida à priori.	Os Facilitadores são hábeis em evocar a participação e em ler a dinâmica subjacente do grupo permitindo que este chegue a uma compreensão mútua da tarefa do grupo.
Soluções inclusivas	As soluções emanadas da sabedoria do grupo, não apenas daqueles que são influentes e rápidos a articular, mas também pela sabedoria daqueles que são tímidos e cuja voz é minoritária. Todos são detentores de uma parte da verdade.	Numa reunião tradicional os participantes rapidamente tomam partidos e a decisão alcançada implica a cedência de uns em relação a outros.	Os Facilitadores são capazes de manter a objetividade e orquestram a narrativa do evento para libertar os bloqueios do processo.
Responsabilida de partilhada	Os membros do grupo que aderem ao processo reconhecem que são eles e apenas eles que detêm a responsabilidade pelos resultados alcançados e que serão eles próprios a implementar as decisões alcançadas.	Em reuniões convencionais os participantes esperam e acatam a decisão do líder que é quem assume a responsabilidade pela condução da reunião e pela implementação das decisões.	Os Facilitadores usam o tempo e o espaço intencionalmente para que o grupo chegue às suas próprias decisões e, se necessário, adaptando a agenda com a aprovação do grupo.

Tabela 2 - Valores de grupos participativos de Sam Kaner e as competências dos facilitadores

Líder facilitador vs. facilitadores de grupos

Para compreender as semelhanças entre líder facilitador e facilitadores de grupos, é fundamental entender a distinção entre dois tipos de processos colaborativos:

Os "processos" ou a forma como interagimos e debatemos as ideias

Os "conteúdos", ou seja, os tópicos que são abordados na reunião.

Os facilitadores de grupos são capazes de se concentrar no processo de colaboração e estabelecer os passos para tomar uma decisão independentemente do que está sendo decidido.

O emprego destas técnicas de processo é necessário para que ocorra a plena participação de todos os membros do grupo. O facilitador de grupo é um 'servidor do grupo' que por encargo do seu próprio líder irá fazer com que seja o grupo no seu conjunto quem resolva os problemas e tome as decisões.

Os facilitadores são também 'guardiões do grupo', no sentido que o protegem de qualquer tentativa de manipulação que possa ser exercida pelos participantes com melhores dons de oratória ou que pelos seus conhecimentos possam usurpar o poder do grupo em seu próprio proveito.

"Quem não assistiu já a reuniões que são verdadeiras peças de teatro, cuja encenação é tão previsível. Os típicos debates sobre as previsões de vendas, em que cada comercial procura sempre criar as piores condições no momento em que se tenha que fazer cargo de um determinado objetivo. Ou as reuniões sobre cortes orçamentais onde quem domina a contabilidade orçamental consegue que os recortes de gastos incidam em outras áreas e nunca nas suas."

Existem sempre inúmeras possibilidades de fazer com que a voz do grupo no seu conjunto não apareça nunca e que sejam apenas algumas vozes, as mais usuais, que dominam e determinam os resultados de uma discussão. Neste tipo de reuniões, é frequente ouvir no final, comentários como este:

> "Não sei porque se convocam estas reuniões, estamos todos aqui a perder o nosso tempo. Sempre os mesmos pontos de agenda que se arrastam das reuniões anteriores, sempre os mesmos bloqueios por parte das pessoas que detêm o poder sobre os recursos que, se fossem empregues de outro modo, poderiam fazer toda a diferença..."

O trabalho da facilitação
O verdadeiro desafio para uma reunião de grupo não é apenas compartilhar informações, a parte crucial é o processo de tomada de decisão. A essência do trabalho da facilitação é precisamente a de criar e manter as condições necessárias para uma decisão grupal eficaz.

Mas, como já vimos atrás, esse trabalho de facilitação não é exclusivo dos facilitadores. Segundo Strauss (2002) e outros, podemos distinguir entre 'facilitador' e 'líder facilitador', ambos podem propiciar os mesmos resultados se adotarem o mesmo conjunto de princípios de atuação que lhes permitem extrair a máxima eficácia de um grupo ao converter uma reunião convencional numa reunião participada e geradora de consenso.

Contrariamente aos facilitadores de grupos, um líder facilitador detém a autoridade para tomar decisões para o seu grupo, enquanto serve como facilitador durante as reuniões ou sessões de planejamento. A tabela 3 ilustra essas diferenças.

Características	Facilitador (Processos)	Líderes Facilitadores (Conteúdos)
Estatuto no grupo	É um terceiro que não pertence ao grupo.	É o líder formalmente designado do grupo.
Envolvimento no conteúdo/ Problemas do grupo	Substancialmente neutro.	Profundamente envolvido nas questões.
Aptidões	Especialista em processos de grupo, pode ser alheio ao conteúdo.	Especialista no conteúdo e conhecedor de processos de grupo.
Autoridade de decisão	Não	Sim

Tabela 3 - Diferenças entre facilitadores e líderes facilitadores

Um facilitador de grupos e um líder facilitador usam os mesmos valores e princípios básicos, mas aplicam-nos de maneiras diferentes, consistentes com seus papéis. Muitos líderes facilitadores encontram-se nesse papel pelo fato de liderarem projetos que adotam métodos participativos como é o caso do *Design Thinking*[xviii] ou dos princípios da programação ágil associados ao SCRUM[xix].

Estes líderes sabem que o seu êxito depende da eficácia de um excelente trabalho em equipe e a sua missão transforma-se em relação àquilo que é esperado de um líder formal quando gere uma empresa ou uma unidade de negócios.

Líderes facilitadores

Os líderes facilitadores são aqueles que reconhecem o valor do grupo como sendo muito mais que a soma das partes que o compõem. Eles reconhecem que para que um grupo possa funcionar, terão que ser garantidas as condições necessárias para que ocorra uma participação genuína de todos os seus participantes. Essa será a melhor forma de conseguir um desempenho extraordinário por parte de um grupo e para que este se converta numa equipe de alto rendimento.

Para que ocorra essa participação genuína, é fundamental que uma líder ou líder de um grupo ou de uma organização possam seguir um conjunto de valores que são partilhados pelos facilitadores de grupo (ver Tabela 4 - Os valores da facilitação de grupos aplicados à liderança facilitadora).

INFORMAÇÃO VÁLIDA	Compartilhar todas as informações relevantes com os membros do grupo.
ESCOLHA LIVRE E INFORMADA	Aumentar o grau em que os membros do grupo tomam suas próprias decisões sobre seu trabalho.
COMPROMISSO INTERNO	Os participantes estão genuinamente comprometidos com os resultados da reunião.
PENSANDO SISTEMICAMENTE	Centrar-se nos interesses de todas as partes interessadas ao desenvolver soluções.
REDUZINDO A DEPENDÊNCIA	Ajudar o grupo a lidar com as causas profundas do desempenho ineficiente e a aumentar a responsabilidade e a aderência às decisões.
CONDICIONA A APRENDIZAGEM	Modelar os valores e crenças que guiam os comportamentos efetivos dos participantes e que estes tomem decisões informadas sobre aceitá-los ou não.

Tabela 4 - Os valores da facilitação de grupos aplicados à liderança facilitadora[xx]

Valores Fundamentais da Facilitação

Os principais valores da facilitação podem ser adotados pelo líder formal de um grupo que se converte assim num líder facilitador, capaz de criar uma cultura de reunião onde ocorre a participação genuína de todos os seus participantes.

Vejamos agora, caso a caso, o que significam cada um desses valores.

Informação válida e abertura ao debate

Os líderes facilitadores compartilham todas as informações relevantes com os membros do grupo e as razões para suas ações e declarações. Elas ou eles encorajam outros a discordar e em última análise, todas as questões estão abertas a discussão.

Mas esse convite ao debate deverá ser genuíno e incluir a crença, partilhada por todos, nos valores da facilitação e da geração do consenso de grupo, como forma última de liderança.

Escolha livre e informada
Os líderes facilitadores sabem que os controles externos geram conformidade, mas que são os controles internos aqueles que conseguem gerar compromisso. Consequentemente, procuram aumentar a extensão em que os membros do grupo fazem as suas próprias escolhas sobre o seu trabalho.

Compromisso interno
Os participantes assumem como próprias as decisões do grupo ainda que as mesmas possam não coincidir com as suas preferências individuais. Este é um resultado líquido dos princípios de partilha de informações válidas e de uma escolha livre e informada.

Servindo a todos os interesses e pensando sistematicamente
Líderes facilitadores ajudam os demais a concentrar-se nos interesses de todas as partes envolvidas na decisão. Eles entendem que, para serem eficazes, os grupos devem manter íntegra a sua capacidade de trabalhar juntos. Para isso, importa conciliar as necessidades pessoais dos membros como as necessidades da tarefa do grupo.

Aumentar a responsabilidade e reduzir a dependência
Os líderes facilitadores procuram fazer pelo grupo aquilo que este ainda não pode fazer por si mesmo. Eles reconhecem que a solução está em ajudar o grupo a lidar com as causas profundas do seu comportamento ineficaz. Desse modo, aumentam a capacidade do grupo para saber lidar com problemas semelhantes no futuro. Em vez de se concentrar em colocar o foco na culpa elas ou eles buscam entender como os problemas surgem e como persistem apesar dos esforços sinceros de muitas pessoas para resolvê-los.

Criando condições para a aprendizagem
A aprendizagem ocorre quando os membros identificam os valores e crenças fundamentais que guiam os seus

comportamentos. O grupo cresce quando entende como certos valores e crenças prejudicam sua eficácia e aprende a agir com base num conjunto de valores e crenças que é mais efetivo.

Em resumo

O tipo de líder que as organizações inovadoras reclamam no século XXI é aquele que trabalha a partir de um conjunto de valores fundamentais coerente com os conceitos de *empowerment*, compromisso, colaboração, aprendizagem e parceria. Este tipo de líder adota os valores e princípios fundamentais que estão na base do papel de facilitador de grupos para se tornar num "líder facilitador".

Líderes facilitadores compartilham os valores, princípios e regras básicas da facilitação com os outros, discutem com o grupo o que eles significam e pedem feedback como os mesmos estão a ser usados. Elas ou eles modelam estes valores para que outros possam fazer escolhas informadas sobre se pretendem ou não adotar os princípios da facilitação e das reuniões participadas.

Uma organização de sucesso nos dias de hoje, confia e desenvolve as competências de uma liderança que possibilita a gestão eficaz do trabalho em equipe e que saiba como envolver todos os membros do grupo na resolução de problemas e tomada de decisões.

A maneira mais eficaz de lograr este objetivo é através do treino em facilitação de grupos. A adoção dos princípios e competências básicas da facilitação permite transformar as reuniões convencionais para que ocorra uma participação genuína e converter um grupo de trabalho numa equipe de alto desempenho.

III. Os passos para a colaboração

Uma vez definido o papel dos arquitetos da colaboração como líderes facilitadores que adotam uma visão sistémica para a resolução dos problemas organizacionais, vejamos agora neste seguinte capítulo:

- ✓ ~~A revolução digital e um novo paradigma para a resolução dos problemas.~~
- ✓ ~~O que são e o que fazem os arquitetos da colaboração.~~
- ✓ **Como arquitetar a colaboração.**

Como fazer a colaboração funcionar

A *Interaction Associates* (IA)[xxi] é uma das autoridades mundiais em colaboração grupal e organizacional. Desde 1969, esta empresa tem vindo a introduzir o conceito e a prática de facilitação de grupos no mundo das empresas. Através do seu livro seminal - "How to Make Collaboration Work"[xxii] - David Strauss estabelece os cinco princípios a seguir para desenhar um processo de colaboração os quais podem ser realizados por qualquer gestora ou gestor, proprietários de uma tarefa, sem que estes sejam necessariamente facilitadores de grupos.

Apresentamos aqui os cinco passos para arquitetar a colaboração definidos por Strauss (2002), os quais são abordados com mais detalhe no volume 2 desta série.

Envolver as partes interessadas relevantes

Construir o consenso fase por fase

Projetar um mapa de processo

 Designar um facilitador de processo

 Aproveitar o poder da memória de grupo

Ao seguir estes cinco passos os líderes facilitadores convertem-se em arquitetos da colaboração. Eles ou elas transferem o poder que detêm pela sua liderança formal para um grupo de participantes, que são convidados a iniciar um processo colaborativo que deverá atingir um determinado objetivo inclusivo e aceite por todos.

Envolver as partes relevantes

As partes interessadas num processo colaborativo ou *stakeholders*, são convidados a participar por parte de quem detêm o poder formal da gestão e aos quais irá ser dado um maior ou menor grau de autonomia enquanto grupo de trabalho.

Se o processo de colaboração deve ocorrer entre duas ou mais partes independentes, será o proprietário da tarefa comum a ambos, quem assume esse papel e convoca as partes relevantes.

👁 Por exemplo, num caso de dois ou mais departamentos da mesma empresa, o CEO ou diretor geral será quem convida ambos os departamentos a colaborar para encontrar uma solução conjunta para os problemas que previamente identifica.

Mas se a colaboração é entre várias entidades externas envolvidas, como seja na prevenção de incêndios num determinado estado federal, será o próprio Governador quem convoca e delega nas partes o seu poder de decisão na condição que seja logrado um consenso para a colaboração requerida.

Outro exemplo, no caso da redução de listas de espera para as consultas de especialidade numa região de saúde ou num país, será o coordenador da região ou o ministro ou ministra quem convoca os presidentes dos hospitais e centros de saúde que estejam na sua dependência funcional.

Por norma, quando um líder propõe a realização de um processo colaborativo, os participantes irão contribuir para a tarefa com os seus conhecimentos, a sua experiência e as suas perspectivas em algumas reuniões ou durante todo o processo. Segundo Moliní (2012), o maior desafio para os participantes é ocupar o espaço de poder que o proprietário da tarefa deixa vazio após a abertura da primeira reunião, onde se informa sobre o início de um processo participado de decisão.

Se queremos que a magia da participação genuína ocorra, como defende Molini[xxiii], temos que esperar e confiar que uma massa crítica de participantes exercerá sua liderança pessoal, comprometidos com a tarefa.

> "Muitos participantes aproveitam o momento em que a primeira pessoa toma a palavra para o fazerem igualmente, com entusiasmo e ímpeto. Tal como um bando de pássaros em repouso, após um primeiro que levanta voo, segue-se, pouco a pouco, a debandada. A reunião está em andamento e cada participante exerce a sua participação total e livremente, sem nada nem ninguém a dirigi-lo para além do seu espontâneo e genuíno interesse pela tarefa."

Construir o consenso

A maioria das empresas de sucesso em todo o mundo prosperam graças a uma bem-sucedida colaboração grupal. Isto é tanto mais crítico quando a organização é ainda jovem. Imagine quando a

Exxon, a Volkswagen ou a Boeing foram *start-ups*? Sem uma equipe bem-sucedida de visionários intrépidos como fundadores, essas empresas nunca se teriam tornado naquilo que são hoje.

As *start-up* que aprendem a sobreviver nos ambientes dinâmicos associados à revolução digital adquirem um tipo diferente de DNA organizacional. Elas tendem a confiar muito mais no trabalho das equipes do que no trabalho cooperativo individual que o Taylorismo nos deixou em herança, agora vacante.

Numa organização colaborativa, o trabalho a realizar é desenhado e decidido em grupo. Os membros de uma equipe geralmente se reúnem em salas de conferência (*huddle rooms*) ou em espaços colaborativos que normalmente têm a tecnologia de suporte para fomentar a criatividade e a resolução de problemas em grupo.

Imagem 3 - Espaços para a colaboração ou 'huddle rooms' xxiv

Hoje em dia, os visitantes destes gigantes empresariais que fazem a tendência e que servem de modelo a muitas outras empresas, ficam impressionados com a natureza informal dos seus espaços colaborativos, dotados com as mais avançadas tecnologias (Imagem 3 - Espaços para a colaboração ou 'huddle rooms'). Esses investimentos demonstram bem a importância que as equipes e o trabalho colaborativo representam para essas organizações e, por essa razão, elas obtêm esse reconhecido sucesso.

Imagem 4 - "Huddle rooms" como tendas beduínas na sede da AirBnB[xxv]

Sabemos hoje que essas organizações mais bem-sucedidas confiam numa liderança facilitadora, que permite a gestão eficaz do trabalho em equipe, para superar os seus concorrentes e conquistar a preferência do mercado. Seu segredo depende de uma receita muito antiga descoberta por pesquisadores sociais nos anos 30 com o trabalho seminal de Elton Mayo[xxvi], o primeiro a defender a importância do grupo e a necessidade de envolver todos os membros da equipe na resolução de problemas e tomada de decisões.

Grupos vs. equipes de alto rendimento

> "A sabedoria convencional sugere que a eficácia de um grupo advém de uma liderança carismática através da qual o seu chefe define uma missão clara que é atendida por subordinados tecnicamente competentes. No entanto, muito mais está em causa se pretendemos transformar um grupo em um time de alto rendimento para obter a máxima sinergia e empenho dos seus participantes. A questão-chave é saber como as partes interagem juntas e isso tem a ver com a gestão da participação." Blak, Mouton e Allen, 1987[xxvii]

Figura 3 - Diferença entre um grupo e uma equipe

Enquanto um grupo tem um líder formal designado, que pode ser o chefe de um departamento ou o diretor da empresa, numa equipe essa função de liderança é partilhada de forma natural pelos vários membros que a compõem. Em diferentes momentos cada um poderá assumir um papel de liderança nas diferentes etapas de realização de uma tarefa. Contrariamente a um grupo, onde a diferenciação é hierárquica, numa equipe a hierarquia não faz sentido e as funções dos seus membros são especializadas e complementares. A equipe será ela própria uma peça no organograma da organização.

Nas formas mais inovadoras de organização holocrática tal como são propostas por Brian Robertson (2015) e adotadas em empresas como a Zappos[xxviii], as unidades funcionais departamentais são todas elas substituídas por círculos de pessoas que desempenham cada uma o seu papel autónomo numa equipa sem líder.

A transformação de um grupo numa equipe é possível através da facilitação de grupos e de uma liderança facilitadora na qual o papel do líder formal desaparece para ser diluído em todo o grupo, que nesse momento passa a funcionar como uma equipe (ver Figura 3 - Diferença entre um grupo e uma equipe). Por esse motivo, as empresas mais inovadoras em quase todos os países do mundo contam com os serviços de facilitadores de grupo, que auxiliam os gestores e líderes de grupo na realização de um formato especial de reuniões – as reuniões participadas ou *workshops.*[xxix]

🎯 O modo mais eficaz de se conseguir a excelência colaborativa é através dos princípios da facilitação de grupos. A adoção destes princípios permite transformar simples grupos de trabalho em equipes de alto desempenho através de reuniões em que ocorre a participação genuína – o topo da hierarquia de todas as formas de colaboração.

As reuniões convencionais
Quando vários indivíduos realizam um propósito coletivo numa empresa, como seja atingir um objetivo agregado de vendas ou manter um certo nível de gastos orçamentários, estes são periodicamente convocados para reuniões convencionais em que as decisões são tomadas pelo líder do grupo como pessoa responsável pela coordenação das tarefas individuais.

As reuniões convencionais – geralmente designadas por reuniões de coordenação – caracterizam-se por objetivos difusos, que raramente alguém se dá ao trabalho de clarificar, e incluem vários itens da agenda dentro de um certo período de tempo. Normalmente, as pessoas realizam apresentações e assistem elas próprias às apresentações que informam sobre o progresso de outras pessoas. As agendas das reuniões de coordenação podem separar os itens mais importantes, alocando mais tempo por comparação aos itens rápidos que podem ser tratados logo no início e deixando para o final os assuntos menos relevantes (ver Figura 4 – Diagrama de fluxo de tempo numa reunião convencional)

Meeting Flow		
Introductions		2 min.
Quick items	Major items	Minor items
1. 2. 3. ... 10 min.	1. 2. 30 min.	1. 2. 3. 4. 16 min.
Wrap up & conclusions		7 min.

Figura 4 – Diagrama de fluxo de tempo numa reunião convencional - Williams, R.B. (2007)

O diagrama de fluxo de tempo é uma maneira alternativa de planear uma agenda de reuniões. Algumas pessoas sentem que o tempo é mais importante que o dinheiro. Ao representar uma agenda em um fluxo de tempo comunicamos que as metas da agenda estão ao alcance durante o tempo planejado para a reunião. Se o tempo for bem gerenciado numa reunião convencional, a líder coleta informações suficientes para tomar decisões mais informadas sobre as ações de controle que cada pessoa deve tomar de modo autocrático.

◎ As reuniões convencionais podem ser úteis para que o líder ou a líder formal de um grupo possa tomar melhores decisões, sempre que o grupo esteja já comprometido com a tarefa e quando não existam dúvidas ou divergências acerca da melhor solução. No entanto, os casos indicados para uma tomada de decisão autocrática ou, até, meramente consultiva, são cada vez mais raros nas organizações de hoje, que se debatem com problemas num contexto cada vez mais volátil, incerto complexo e ambíguo[xxx].

Reuniões de baixa performance
Os problemas surgem quando se adota um formato de reunião convencional para decidir ou resolver problemas complexos onde prevalece a ambiguidade sobre a sua própria natureza e as

possíveis soluções. Por exemplo, numa organização de serviços será pouco produtivo usar o formato de uma reunião convencional para saber como melhorar a capacidade de retenção de clientes e evitar cancelamento de contratos de manutenção. Ou, numa organização industrial, tratar o problema da escolha e aquisição de uma tecnologia de produção de componentes versus o recurso ao *outsorcing* de fabricação desse componente. Nestes casos, as reuniões convencionais até poderão ser convocadas para o efeito, mas os resultados deixarão muito a desejar.

Numa reunião convencional, por norma, ocorre a falta de clarificação sobre o seu propósito e não existe uma facilitação eficaz dos processos de debate o que faz com que os assuntos complexos e sensíveis se arrastem de reunião em reunião por falta de acordos e compromissos claros.

 Por exemplo:

"Eu recordo vivamente aquelas reuniões de comité alargado de direção (CODI), em que os participantes estavam sistematicamente dispersos consultando os seus celulares. As pessoas que iniciavam um novo ponto da agenda tomavam a palavra sem realizar um enquadramento que centrasse os participantes no objetivo da reunião, que era já de si pouco claro ou até mesmo confuso. As discussões eram desconexas e nada relacionadas com o ponto que se estava a tentar seguir na agenda. E no final, se por milagre se chegava a um conjunto de tarefas pendentes, nunca existia um acordo claro sobre quem faz o quê e quando."

Tudo isto são indicadores de que estamos perante uma reunião convencional que gera baixo envolvimento e compromisso por parte dos participantes e a Tabela 5 - Principais sintomas de aplicação de reuniões convencionais para a resolução de problemas complexos - identifica as possíveis causas para esse baixo rendimento.

Problemas numa reunião convencional	Possíveis causas
- Discussão desconexa; as pessoas falam, mas sem se preocuparem em ouvirem umas às outras. - Discussão demorada e inconclusiva. - Novos tópicos aparecem do nada e sem relação com o ponto da agenda. - Participantes protegem-se com respostas politicamente corretas, mas sem aportar soluções. - Reunião termina por falta de tempo. - Ocasionalmente, são criadas listas de tarefas, mas sem proprietários assignados e acordos explícitos sobre os prazos de execução. - Após a reunião somente os participantes estão a par da informação partilhada. - Nada acontece como tenha sido previsto ou 'acordado'. - Os mesmos assuntos voltam a ser discutidos em reuniões sucessivas sem que ocorram progressos.	- Confusão sobre o tema. - Desinteresse pelo tópico ou aversão à natureza da discussão. - Sentimentos de insegurança e inferioridade nas suas próprias capacidades. - Sentimentos de superioridade para com os outros na sala ou para quem lidera a reunião. - Receio de ver ou ouvir a reação dos outros na sala. - Incapacidade de lidar com os outros na sala devido a um mau relacionamento prévio. - Medo de expressar e compartilhar ideias na frente de outras pessoas, especialmente se um chefe ou supervisor estiver na sala. - Baixo nível de confiança no grupo ou no líder da reunião. - Uma história passada de negatividade e incapacidade para a resolução de problemas.

Tabela 5 - Principais sintomas de aplicação de reuniões convencionais para a resolução de problemas complexos

O elo mais fraco
Se a cultura de uma organização é forte o suficiente, é possível que ela ofereça um amortecedor para o impacto que as variáveis individuais possam ter numa reunião. Esse efeito ocorre quando já existe na organização um conjunto de normas sobre gerenciamento de tempo e outras regras para a produtividade do trabalho em grupo.

> Ver no anexo III o exemplo das normas de definição de papéis numa reunião adotados numa empresa, a qual obriga cada organizador de uma reunião nessa empresa a definir previamente esses papéis na convocatória da mesma.

No entanto, o elo mais fraco será sempre a chamada 'cultura de reunião', ou seja, o conjunto de regras e crenças básicas - as normas e os valores de grupo - que são partilhadas pelos membros de uma reunião e que podem fazer toda a diferença no desempenho dos seus participantes.

> A cultura de uma reunião afeta os seguintes elementos estruturais:
> - Regras de participação
> - Estilo de confrontação
> - Métodos de decisão

A Tabela 6 - A cultura dominante em reuniões convencionais vs. reuniões participativas - ilustra essas diferenças.

Como vimos anteriormente, Sam Kaner et al. (2007) define um conjunto de valores que conformam as características culturais nas reuniões participadas e que devem servir de guia para os comportamentos e práticas dos facilitadores em reuniões participadas.

	Reuniões convencionais	**Reuniões participadas**
Regras de participação	- Os melhores oradores dominam as intervenções e os tempos da reunião. - Os participantes interrompem-se regular e constantemente. - Diferenças de opinião são vistas como conflituosas e devem ser inibidas ou resolvidas. - As perguntas são desafiantes, como se a pessoa questionada esteja a ser inquirida. - Somente os bons oradores conseguem manter fixa a audiência, ninguém presta atenção aos restantes quando estes intervêm. - As pessoas não prestam atenção às ideias dos outros e estão mais preocupadas em defender a sua argumentação.	- Todos participam por igual com independência dos seus dons de oratória. - Os participantes dão espaço para que todos possam refletir e opinar. - Pontos de vista divergentes são permitidos. - Os participantes apoiam-se mutuamente com perguntas esclarecedoras "é isto que você quer dizer?" - Cada participante faz um esforço para prestar atenção e ouvir quem está a falar. - As pessoas prestam atenção às ideias de todos porque sabem que as suas também serão ouvidas.
Estilo de Confronto	- Alguns membros mantêm o silêncio em matérias controversas e ninguém sabe as posições uns dos outros. - Os participantes não logram expressar de forma clara as posições divergentes e com as quais estão em desacordo. - Porque não se sentem seguros em expressar as suas opiniões na reunião as pessoas preferem falar nas costas dos outros. - Participantes com opiniões divergentes são desencorajados a expressá-las.	- Cada membro expressa livremente o seu ponto de vista em matérias controversas e todos sabem quais as posições dos demais. - Todos os participantes sabem expressar de forma exata as posições dos demais ainda que não as partilhem. - Os participantes não falam nas costas uns dos outros. - Mesmo que em oposição ao líder formal do grupo os participantes são encorajados a expressar o seu desacordo.
Métodos de decisão	- Um problema considera-se resolvido assim que os mais rápidos encontram uma solução e todos os demais são malvistos se não 'entram a bordo'. - Quando se chega a um acordo é assumido que todos pensam exatamente da mesma forma.	- Um problema não é considerado resolvido até que todas as pessoas afetadas pela solução compreendam o seu razoamento. - Quando se chega a um acordo a decisão final reflete um amplo conjunto de perspectivas e opiniões.

Tabela 6 - A cultura dominante em reuniões convencionais vs. reuniões participativas

Por contraste, nas reuniões convencionais a ausência de valores colaborativos no seio da organização e na própria reunião, gera a obtenção de resultados medíocres e uma grande insatisfação dos participantes.

Reuniões vs. workshops
As reuniões participadas ou *workshops* são concebidas para superar todos os problemas bem documentados das reuniões convencionais. Enquanto uma reunião é dirigida pelo líder da equipe, num *workshop* será uma figura neutra em que não faz parte da equipe quem dirige a sessão - uma facilitadora ou facilitador - que foi treinado para desenhar os processos colaborativos e empregar métodos de criatividade e resolução de problemas em grupo (ver Tabela 7 - Diferenças entre uma reunião e um workshop).

Tal como numa equipe em que a liderança está diluída por todos os membros, também num *workshop* - enquanto processo que leva à participação genuína - todos são líder. O líder formal porque ele tem que liderar sem exercer o seu poder formal confiando na responsabilidade dos participantes, os participantes porque eles assumem um poder de decisão e um nível de responsabilidade não habitual e, finalmente, a Facilitadora ou o Facilitador que lideram um processo sem saber nada do teor dos conteúdos e sem ter qualquer tipo de poder formal (Moliní, 2007).

Qual é a diferença entre uma reunião e um workshop?
Essencialmente, ela reside na qualidade dos resultados (*outputs*) do grupo que são obtidos pela geração de consenso. Num *workshop,* a colaboração é baseada na confiança, inclusão e participação construtiva para alcançar um propósito comum e amplo. Um líder facilitador não usa a manipulação, a exclusão e o poder sobre os outros para alcançar seus fins. As diferenças de poder e status entre os participantes não são destacadas e a propriedade do processo é compartilhada. A colaboração em grupo pode, em certas circunstâncias, fornecer uma abordagem

poderosa para responder a problemas complexos que os esforços individuais isolados não podem resolver (ver Tabela 7 - Diferenças entre uma reunião e um workshop).

Os fabricantes de software aprenderam bem a diferença entre reuniões e workshops. O movimento Ágil[xxxi] é uma resposta ao fracasso dos paradigmas dominantes de gerenciamento de projetos de desenvolvimento de software (incluindo o *waterfall*) e usa emprestados muitos dos princípios da manufatura *lean*. O SCRUM é um método de programação que é muito semelhante ao de realizar um *workshop*. Adota um conjunto de princípios subjacentes do manifesto Ágil, derivados do conceito de auto-organização, e define um conjunto simples de papéis, responsabilidades e reuniões que são facilitadas por um *ScrumMaster* (que é um elemento neutro em relação ao grupo) e que mantém a equipe focada em seu objetivo.

Numa reunião convencional...	Num *workshop*...
Várias pessoas com diferentes funções são convocadas para uma reunião que começa com uma breve descrição do problema.	Quando implementados de forma correta oferecem uma oportunidade para resolver problemas de uma forma construtiva.
Não existe uma partilha de contexto, nem alguém que explique o que irá suceder com as ideias debatidas na reunião.	São sessões proativas e até divertidas; as pessoas envolvidas ficam entusiasmadas e comprometidas com os resultados e o seu seguimento.
É esperado que os participantes contribuam ideias no imediato, ocorre um brainstorming morno e as conversas cruzadas e tangenciais tendem a ser dominantes.	Enquanto uma reunião é dirigida pelo líder formal do grupo, um workshop é liderado por uma figura neutra que não faz parte da equipe.
As agendas tendem a estar repletas de pontos que depois são adiados por falta de tempo até ao momento em que a urgência requer uma decisão imediata que é geralmente deficiente.	Os processos colaborativos são desenhados por uma pessoa que é formada e tem experiência em facilitação de grupos.

Tabela 7 - Diferenças entre uma reunião e um workshop

Quando é que um líder deve deixar de convocar uma reunião convencional e convidar os seus colaboradores para participarem num *workshop*?

A resposta é obtida a partir do trabalho de David Sibbet[xxxii] (fundador da *Grove Consulting*), que nos oferece o seguinte esquema didático (ver Tabela 8 - Quando realizar um workshop).

	Suficiente um líder que oferece orientação numa **reunião convencional**	Necessária a colaboração em grupo num ***workshop***
Habilidades e conhecimento	- Os membros do grupo estão treinados para executar a tarefa.	- Ninguém sabe como executar a tarefa
Clareza de propósito	- Os objetivos e o método para alcançá-los são claros e bem compreendidos por todos.	- Não existe um método objetivo ou bem identificado para chegar a uma conclusão.
Alinhamento	- Os membros do grupo concordam entre si e apoiam a decisão.	- Os membros do grupo expressam dúvidas e discordam uns dos outros.
Motivação	- Os membros do grupo estão motivados e têm a vontade de realizar a tarefa.	- Os membros do grupo expressam resistência à tarefa.

Tabela 8 - Quando realizar um workshop

Quando um líder opta pela realização de um *workshop*, ele deverá procurar uma clareza de propósito para o mesmo, que o processo colaborativo proposto pelo facilitador externo permita o alinhamento e o acordo por consenso das decisões tomadas e, finalmente, que todo o processo seja motivador e que os participantes fiquem comprometidos com a realização das tarefas acordadas.

Vimos até aqui que os dois primeiros passos para arquitetar a colaboração requer o abandono de uma liderança autocrática em favor de uma liderança facilitadora. Isso implica a adoção dos valores da facilitação e a crença no poder dos processos colaborativos para a resolução de problemas complexos entre partes divergentes ou não alinhadas à partida, para os quais as reuniões convencionais são totalmente contraindicadas.

No entanto, são os três últimos pontos – projetar um mapa do processo, nomear um facilitador e a gestão da memória do grupo – os menos conhecidos e empregues pelos líderes e gestores de empresas quando atuam como arquitetos de colaboração.

Iremos ver, em seguida, de que tratam os dois primeiros (projetar um mapa do processo de colaboração e designar um facilitador para o mesmo) e no próximo capítulo, será abordado o último (a gestão da memória do grupo).

Projetar o processo de colaboração

O mapa do processo

Na sua forma mais básica, o mapa de um processo colaborativo poderá ter a forma de uma agenda. Um bom 'mapa do processo' será aquele documento que expressa bem os vários passos ou fases do processo colaborativo não apenas na dimensão temporal, mas que sirva igualmente de base para a correta organização do ambiente e do suporte adequado às sessões, incluindo a organização do espaço físico e os meios tecnológicos necessários para o bom aproveitamento da memória de grupo, como veremos a seguir.

No penúltimo capítulo incidiremos nas variáveis STEPS - *Space, Time, Eventfulness, Product, Style* - que devem ser consideradas para arquitetar um processo de colaboração na forma de uma reunião participada ou *workshop*.

Diferentes níveis de colaboração

Independentemente do contexto mais amplo onde possa ocorrer, a colaboração sempre requer um grupo de pessoas interagindo para realizar algo. A Figura 5 - O modelo hierárquico dos processos colaborativos representa estes vários níveis de colaboração, que iremos abordar em seguida.

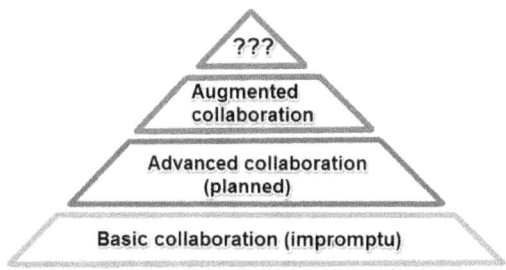

Figura 5 - O modelo hierárquico dos processos colaborativos

Colaboração básica
Na base da pirâmide está a **colaboração básica** ou **espontânea**.

As formas mais básicas e espontâneas de colaboração podem ocorrer em grandes estádios onde as ondas humanas são muitas vezes formadas espontaneamente. Se você participou de tal 'onda humana', você se lembrará do sentimento de realização sempre que experimentar uma verdadeira colaboração espontânea - é incrível!

Numa escala mais reduzida, sempre que duas pessoas pegam uma caneta e começam a desenhar esquemas num guardanapo e conjugar suas ideias para lograr um fim comum ocorre a magia da colaboração espontânea. Geralmente não há muita estrutura no processo, as pessoas interrompem-se umas às outras e às vezes com excitação outras vezes com raiva ou desespero. Nesse nível de colaboração, as pessoas estão tentando chegar a uma conclusão juntas ou a um compromisso com a ação. O sucesso da colaboração básica depende de muitos fatores contextuais, mas o entusiasmo e engajamento dos participantes é sempre garantido a este nível.

 Colaboração planejada
No seguinte nível, temos a **colaboração planejada**.

Neste nível os processos de grupo são planejados de acordo com uma determinada estrutura para alcançar uma meta apropriada. Essa estrutura é desenhada geralmente na forma de uma agenda de reunião, com mais ou menos nível de detalhe.

👁 Como exemplo, podemos ver mais abaixo a diferença entre uma agenda habitual numa reunião convencional em que o modo de colaboração é pouco planejado (Figura 6 - Agenda de uma reunião convencional) e o exemplo de agenda mais abaixo (Figura 7 - Agenda de uma reunião com uma colaboração planejada).

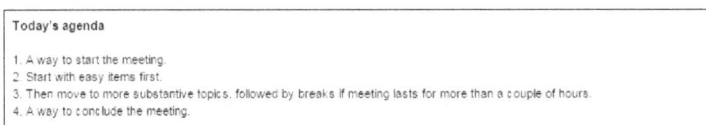

Today's agenda
1. A way to start the meeting.
2. Start with easy items first.
3. Then move to more substantive topics, followed by breaks if meeting lasts for more than a couple of hours.
4. A way to conclude the meeting.

Figura 6 - Agenda de uma reunião convencional (Kaner, et al. 2007)

Ao comparar estas duas agendas, verificamos que na segunda reunião ocorre um nível de colaboração mais avançada em resultado da aplicação das competências básicas de facilitação, tal como definidas pela IAF (ver Anexo I).

Content	Process	Who	Time
1. Start ups Welcome Introduction of facilitators Definition of roles Ground rules for meeting ...		Mary Mary Steve Steve	2 min. 1 min. 3 min. 5 min.
2. Problem perception How do I see the problem? Agreement on problem definition Output: Agreed problem statement.	Presentations with no interruptions + questions for clarification only Presentations with no interruptions + questions for clarification only Discuss / Agree	John & team Jane & team Steve	20 minutes 15 minutes
	Break		10 minutes
3. Solution criteria: identify the criteria of what would be an acceptable solution for all	Brainstorm list / clarify Build up criteria / eliminate preferences Check for agreement	Steve	10 min. 10 min. 10 min.
...	...	...	...

Figura 7 - Agenda de uma reunião com uma colaboração planejada (Strauss, 2002)

Como se pode ver na figura 8, este 'mapa do processo' evidencia os vários passos de processo que estão associados a cada elemento do conteúdo da reunião, identifica claramente quem intervém e durante quanto tempo.

À medida que você sobe na hierarquia dos processos colaborativos, você será capaz de criar um desenho de um processo colaborativo mais detalhado graças à intervenção dos facilitadores e dos métodos e técnicas da facilitação que estes dominam.

A colaboração avançada ou planejada ocorre para tentar superar os obstáculos de falta de estrutura e produtividade nos processos de colaboração espontânea como sejam as intervenções desordenadas e confusas, a falta de uma visão unificada da tarefa do grupo ou a ausência de procedimentos claros de debate.

No entanto, ao pretender avançar para a colaboração planejada um desenho inadequado do processo colaborativo poderá fazer diminuir a satisfação dos participantes, levando a uma perda da eficácia do grupo e à insatisfação dos participantes.

> 👁 Um exemplo, o relato de um caso ocorrido no congresso da IAF da Oceânia:

>> 💭 "Eu recordo sempre com um misto de orgulho e mágoa a sessão que eu (em Madrid) e o meu colega Peter Beck (em Washington DC), facilitámos no congresso da IAF na Austrália em maio de 2016[xxxiii]. Pela primeira vez na história da IAF foi organizado um workshop que era parte do programa, mas em que os dois facilitadores não estávamos presencialmente no local do congresso[xxxiv]. O nosso objetivo era o demonstrar que com as ferramentas de facilitação adequadas (ver ponto seguinte) poderíamos efetuar a facilitação de uma forma virtual e conseguir obter um processo colaborativo avançado. No entanto, tudo estava em contra, o sistema de videoconferência não funcionou como pretendíamos (ou seja, nós, como facilitadores,

não tínhamos informação visual dos assistentes ao workshop, nem do seu estado anímico).

No entanto, confiámos em que a nossa agenda fosse suficientemente atrativa e que as nossas ferramentas de colaboração á distancia pudessem compensar esse problema. No final da sessão, em que abordamos o uso de "*canvas*" ou telas para facilitar processos colaborativos, os comentários das pessoas foram demolidores. "Não me sinto nada comprometido com esta tarefa" - comentava o Martin Farrell, um dos participantes em Melbourne. Foi evidente para nós no final que a falta de satisfação dos participantes com o processo, teve um impacto negativo nos resultados que pretendíamos alcançar – a validação da facilitação à distância como uma alternativa viável à facilitação presencial."

Está claro que, no final da sessão, demo-nos conta de que se tivéssemos feito uma mudança radical na nossa agenda pouco relevante para os participantes e pudéssemos usar as nossas ferramentas de colaboração á distância para fazer uma sessão mais espontânea incidindo sobre a própria conferencia da IAF e abordar questões relacionadas com as expectativas dos participantes, com toda a certeza que os resultados seriam outros.

Colaboração aumentada

A **colaboração aumentada** é o próximo passo em direção ao topo e pode impactar tanto as formas de colaboração espontâneas como as planejadas.

▶ Iremos vê-la com mais detalhe no último capítulo deste livro.

Colaboração genuína
A **colaboração genuína está** no topo da hierarquia da colaboração.

Eugenio Moliní (2012) defende que os processos de participação genuína são aqueles em que o grupo logra a máxima eficácia no seu funcionamento e obtém um impacto significativo na realização da tarefa.

No entanto, estes processos colaborativos de máximo rendimento, podem ser vistos como o caso excecional no topo de uma hierarquia de diferentes formas de colaboração. Este modelo hierárquico da colaboração pode ser representado pela Figura 5 - O modelo hierárquico dos processos colaborativos - onde os níveis mais altos dominam os níveis mais baixos no que diz respeito à eficácia da colaboração. Mas, por essa razão, são também aqueles que ocorrem menos espontaneamente e que requerem um trabalho mais árduo de preparação e facilitação.

Em resumo

A colaboração requer a coordenação intencional da atividade humana em grupo, na qual exista um entendimento compartilhado dos objetivos e a disposição de todos os participantes para alcançá-los. É a resolução conjunta de problemas e a tomada de decisões consensuais em reuniões eficazes que podem fazer uma colaboração verdadeiramente bem-sucedida.

Na sua forma mais básica, o mapa de um processo colaborativo poderá adotar a forma de uma simples agenda. À medida que subimos na hierarquia da colaboração podemos utilizar modos mais sofisticados de representar o processo de colaboração.

As formas mais planejadas de colaboração aumentam a probabilidade de obter um resultado superior ao que se obtém com a colaboração espontânea. No entanto, a perda de entusiasmo e compromisso com a tarefa pode afetar a satisfação dos participantes à medida que nos afastamos da espontaneidade das formas de colaboração básica, que são sempre mais engajadoras Se adotarmos o ponto de vista da máxima eficácia e eficiência colaborativa, os processos onde ocorre a colaboração genuína deverão ser sempre o objetivo a alcançar por parte de qualquer líder facilitador.

Nomear um facilitador para o processo

De pouco serve envolver as partes interessadas e programar o consenso passo a passo entre todos se depois o processo não é conduzido por alguém externo ao grupo que possa exercer uma liderança facilitadora e que saiba como gerir a memória do grupo.

A necessidade de designar uma figura neutra que administre o poder da memória do grupo em reuniões é tão ou mais importante para uma colaboração bem-sucedida como todo o esforço envolvido nos passos anteriores.

A Figura 8 - Articulação entre líder e facilitadores nos 5 passos para a colaboração – evidencia bem o ponto de convergência entre estes dois papéis e como a projeção de um mapa do processo é fundamental para realizar com êxito essa passagem de testemunho entre o desenho e concepção do processo colaborativo e a sua execução.

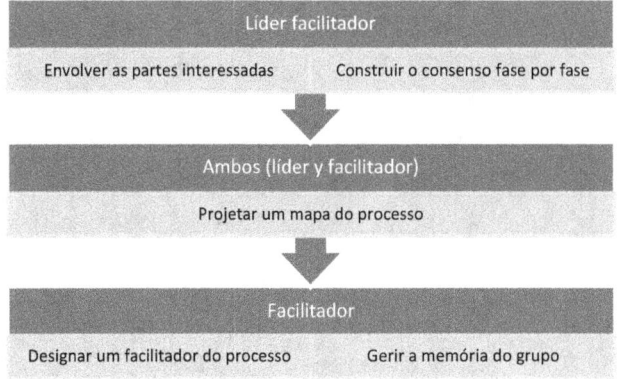

Figura 8 - Articulação entre líder e facilitadores nos 5 passos para a colaboração

As competências-base da IAF – *International Association of Facilitators* (ver Anexo I) definem claramente os passos que devem ser seguidos para uma plena articulação entre um líder facilitador e a pessoa ou pessoas designadas para exercer o papel de facilitador de grupo:

A. CRIAR RELAÇÕES DE PARCERIA COM O CLIENTE

A1) Desenvolver parcerias de trabalho.

- Clarifica os compromissos mútuos.
- Acorda tarefas, entregáveis, papeis e responsabilidades.
- Demonstra valores e processos colaborativos tais como a co-facilitação.

A2) Desenhar e customizar intervenções para satisfazer as necessidades do cliente.

- Analisa o contexto organizacional.
- Diagnostica as necessidades do cliente.
- Cria propostas adequadas para obter os resultados pretendidos.
- Predefine um produto ou serviço de qualidade e respetivos resultados, com o cliente.

A3) Gerir eficazmente as sessões

- Acorda os objetivos e os entregáveis com o cliente
- Elabora o plano da sessão
- Realiza a sessão, com sucesso
- Avalia a satisfação do cliente em todas as etapas da sessão ou projeto

Numa primeira etapa, o líder ou proprietário da tarefa oferece um enquadramento claro da situação, o que sucede hoje e como se chegou até aqui. Por outro lado, ela ou ele definem quais as pessoas a envolver e porquê, qual o papel que desempenham no processo e quais os recursos que controlam para a resolução do problema.

No entanto, ao designar um facilitador externo, um líder facilitador poderá usufruir da experiência desses profissionais que detêm um conjunto de competências (B1 e B2) e estão preparados para conceber e apresentar um mapa do processo do colaborativo, que inclui os diferentes passos necessários para uma decisão em que se obtenha um consenso de grupo.

Um aspeto importante é o desenvolvimento de uma parceria de trabalho (A1) em que fique bem clara a separação de responsabilidades entre o líder formal do grupo e o facilitador externo e que a tabela 9 poderá ajudar a clarificar:

Facilitador externo ao grupo	Líder ou responsável da tarefa
Explica a importância de reservar tempo para preparar a agenda do *workshop*.	Decide quanto tempo investir na planificação da agenda.
Pede ao líder para identificar uma lista com todos os possíveis tópicos.	Identifica os possíveis tópicos e decide quais quer incluir no *workshop*.
Pede ao líder para identificar um objetivo a alcançar para cada tópico.	Clarifica o objetivo global para cada tópico.
Encoraja o líder a definir os objetivos da reunião para cada tópico.	Estabelece os objetivos da reunião para cada tópico na agenda.
Sugere atividades práticas para realizar durante cada segmento da reunião.	Considera as opções e toma as decisões acerca do desenho de processo para cada segmento da reunião.
Prepara um esboço da agenda com estimações de tempos para cada segmento.	Realiza as revisões necessárias e valida uma agenda final que é divulgada aos participantes.
Dá as boas vindas aos participantes e passa a palavra ao líder ou responsável da tarefa.	Apresenta a agenda do workshop e explica os objetivos para cada item.

Tabela 9 - Papéis de facilitador e líder na planificação da agenda de um workshop
(Kaner, 2007)

Definir um produto de qualidade
A parceria entre líder ou proprietário da tarefa - como cliente - e facilitador ficará clarificada com a definição de um produto de qualidade cujos resultados a alcançar estejam claramente definidos (A2).

Dependendo dos seus conhecimentos teóricos de facilitação de grupos, os líderes facilitadores poderão igualmente propor diferentes formas de organizar os processos de grupo.

A seguinte competência da IAF – *International Association of Facilitators*, elenca os diferentes aspetos a observar:

B. ORGANIZAR PROCESSOS DE GRUPO

    B1) Selecionar métodos e processos claros que...

- Estimulem a participação aberta, respeitando a cultura do cliente, as normas e a diversidade dos participantes.
- Promovam a participação de todos os estilos de pensamento e estilos de aprendizagem diferentes.
- Consigam um resultado – produto ou serviço - de alta qualidade, que satisfaça as necessidades do cliente.

    B2) Organizar os recursos – tempo e espaço – para as atividades do grupo.

- Identifica e organiza o espaço físico, em linha com o propósito da sessão.
- Organiza o tempo eficazmente.
- Fomenta o ambiente adequado e de suporte às sessões.

Após a leitura do volume 2 desta série, - **Arquitetar a Colaboração: Facilitar Grupos e Liderar pela Facilitação** - uma líder ou líder facilitador poderão eles mesmos ser capazes de identificar as suas necessidades e projetar um mapa do processo colaborativo que será depois apresentado e negociado com os facilitadores externos que são nomeados para o executar.

IV. A gestão da memória do grupo

Depois de definir o papel dos arquitetos da colaboração, o contexto em que operam e o que fazem, iremos ver aqui uma parte importante do como, ou seja, um conjunto de recomendações práticas acerca da gestão da memória do grupo que ocorre durante uma reunião participada ou num *workshop*.

Um cuidadoso registo de todos os passos levados a cabo pelo grupo na busca da solução para um problema ou para a geração de consenso é um passo crítico para a eficácia da facilitação.

Durante uma reunião que seja arquitetada como um processo colaborativo, os apontamentos das ideias e registos das decisões do grupo são um elemento determinante para o sucesso de todo o processo colaborativo e que é frequentemente negligenciado.

- ✓ ~~A revolução digital e um novo paradigma para a resolução dos problemas.~~
- ✓ ~~O que são e o que fazem os arquitetos da colaboração.~~
- ✓ ~~Como arquitetar a colaboração.~~
- ✓ **Os registos de grupo como uma peça-chave para facilitar a colaboração.**

Criando um senso de participação

No contexto da resolução de problemas, as reuniões são organizadas para resolver um problema coletivo em que participam diversos intervenientes dos quais depende, em última análise, o sucesso da solução adotada.

Para que ocorra a genuína colaboração em grupo, geradora das melhores soluções, a participação ativa numa reunião, que tira proveito da máxima criatividade e sinergia de um grupo, é um elemento crítico essencial.

Podemos, pois, afirmar que **a qualidade de uma reunião é um reflexo da capacidade colaborativa de uma organização**. As organizações onde predominem os valores das reuniões participadas e colaborativas por oposição às reuniões convencionais e autocráticas, terão à partida mais probabilidades de sucesso.

Três fases básicas universais
A maioria de nós, já esteve em reuniões em que não nos interessava estar, quer pela natureza do assunto, quer pela forma como os trabalhos se desenrolavam. Imagine que essa mesma sensação, poderá ocorrer para alguns dos participantes nas reuniões que você dirige.

É importante iniciar uma reunião de modo a ganhar a plena atenção de todos os seus participantes.

Assim, no mínimo, toda reunião deve começar fazendo com que o grupo realmente esteja "presente" e focado na discussão antes que esta se possa iniciar.

E quando o trabalho estiver concluído, a reunião deve terminar e deixar claro exatamente o que deve acontecer a seguir.

Estas 3 fases – identificar a tarefa, realizar a tarefa, concluir a tarefa – deveriam ser comuns a todas as reuniões e ocorrer com mais rigor no caso de um *workshop*.

Para criar um senso de participação poderemos reestruturar uma reunião a partir da resposta a um conjunto de questões que ajudam a desenhar os processos colaborativos, com independência dos conteúdos que são abordados (ver tabela 10).

Estrutura da reunião	Reunião convencional	Reunião participada	*Workshop*
Como as pessoas se apresentarão?	Por norma não existe uma ronda de apresentações; o líder toma a palavra e dá a palavra a quem quer partilhar informação.	Para centrar os participantes, tem lugar uma ronda de apresentações, em que se pede que cada um diga porque se encontra ali e o que espera da reunião.	São usadas diversas técnicas de *check-in* e apresentação dos participantes, *ice-breakers*, etc.
Como vai organizar os tópicos?	Existe uma agenda de assuntos pendentes que se arrastam da reunião anterior e que são abordados segundo a urgência dos mesmos.	O líder realiza uma ronda em que solicita a cada participante que identifique o item mais importante e porquê, no fim da qual recompõe a agenda.	O líder apresenta uma agenda realista previamente desenhada com a ajuda de um facilitador externo.
Como vai liderar a discussão?	Não existe propriamente um debate, as intervenções sucedem-se, mas os participantes não se preocupam em ouvir os outros.	O líder poderá alertar para a importância de escutarmos todas as opiniões com respeito pelas divergências, e levar, através de uma ronda, todos os participantes a se pronunciarem.	São clarificadas as regras básicas para a interação e usados diferentes métodos de interação que variam entre grupos de diferentes dimensões, em pares e reflexão individual.
Como o grupo tomará decisões?	As decisões são tomadas de forma tácita, sem que ninguém realmente tenha claro as posições dos demais.	O grupo conhece de forma clara as posições de cada participante, o líder reserva-se o direito de tomar a decisão tal como anunciou no início. O líder estabelece diretrizes para o seguimento dos pontos da agenda.	O facilitador propõe e implementa um método para lograr o consenso do grupo; o líder somente intervém quando não há consenso. As decisões são vinculadas aos interesses dos membros do grupo e todos estão comprometidos com as mesmas.
Como você vai capturar os resultados?	Quando é realizada uma ata da reunião esta é feita à posteriori e com pouca exatidão.	Existe uma pessoa designada para efetuar os principais registos da reunião que são lidos no final de cada ponto e antes de passar ao ponto seguinte.	Os registos da reunião são realizados de uma forma metódica, em certos casos poderá ser usado software para *workshops* (GDSS ou GSS[xxxv])

Tabela 10 - Criando um senso de participação numa reunião

Em reuniões de resolução de problemas ou *workshops* nos quais normalmente é necessário um processo de tomada de decisão em grupo, é muito importante que ocorra uma participação efetiva e genuína de todas as partes interessadas.

Para que um grupo chegue a um acordo sustentável, os membros precisam entender e aceitar a legitimidade das necessidades e objetivos uns dos outros.[xxxvi]

Legitimidade de todos os pontos de vista

Para que ocorra a aceitação da legitimidade de todos os pontos de vista num grupo é importante que uma reunião possa ser participada por todos, de tal forma que se cumpram 3 critérios, segundo Elise Keith, co-fundadora da firma *Lucid Meetings* [xxxvii]:

> **1. Envolver o grupo**. Para isso há que ir além de uma simples apresentação do tema, e dar um enquadramento sobre a sua importância, explicar porque cada membro deverá contribuir de forma responsável, o que é esperado que aconteça (tomada de decisão, recomendação para ação) e o que acontecerá depois (como os resultados da reunião irão ser seguidos e utilizados).
>
> **2. Co-criar**. Não basta fazer o trabalho e apertar o relógio - trabalhe em conjunto para criar algo novo entre todos os participantes. Combine ideias e *insights* exclusivos para criar uma perspetiva compartilhada que seja mais completa, mais ambiciosa e mais do que qualquer outra pessoa poderia fazer por conta própria.
>
> **3. Compromisso**. Não apenas recite uma lista de resultados. Comprometa-se a agir sobre os acordos feitos na reunião. Toda ação tem um proprietário e todo proprietário se compromete a ver essa ação realizada.

 *Em resumo*

Reuniões que terminam com uma nova perspetiva compartilhada e fortes compromissos para agir com base nesse resultado, a partir da aceitação da legitimidade de todos os pontos de vista, não são uma perda de tempo.

Os problemas da memória de grupo

David Strauss (2002), identifica 9 problemas que podem ser evitados graças a uma correta gestão da memória de grupo numa reunião:

1. Repetição e girar a roda
2. Falta de igualdade
3. Associar ideias com pessoas
4. Perda de foco
5. Limitações da palavra escrita
6. Sobrecarga de informação
7. Perturbação por atrasos
8. Acordos vagos
9. Falha de memória

Vejamos com mais detalhe cada um deles.

1. Repetição e girar de roda

Numa reunião convencional é frequente que os participantes não se sintam ouvidos e voltem a repetir sem cessar as suas ideias, ainda que as mesmas já tenham sido expressas anteriormente. É frequente o comentário, "eu volto à minha ideia...". Este efeito é ampliado por outros participantes que fazem o mesmo e instala-se uma sensação de 'girar de roda', onde não se produzem avanços, apenas repetição das mesmas ideias.

Ao registar todas as ideias apresentadas pelos participantes na memória do grupo, as mesmas ficam visíveis para todos e o debate poderá avançar de uma forma mais sistemática. No caso em que algum participante volte a expressar uma ideia já mencionada você poderá dizer:

🗨️ "mas esta ideia já está registada aqui (apontar), é alguma clarificação ou existe mais alguma coisa que queira acrescentar?"

2. Iniquidade de participação
Anotar pelas mesmas palavras aquilo que cada participante expressa ao grupo, confere uma igualdade de condições de participação e dá resposta às questões de diversidade, nivelando todas as vozes no grupo num mesmo plano.

Nestes termos, o registo da memória de grupo deve ser feito sem qualquer julgamento ou filtro por parte de quem faz os registos. Se existe alguém no papel de relator do grupo (*group recorder*), ela ou ele deverá ser instruído para não realizar qualquer tipo de seleção sobre o que deve ou não ser registado.

🗨️ Uma técnica poderosa consiste em pedir a cada participante que escreva pelas suas próprias palavras o que quer partilhar numa folha de papel (bloco de notas) e afixar todas as ideias produzidas na parede ou no chão em frente ao semicírculo de cadeiras ficando bem visíveis para todo o grupo.

Igualmente no caso da colaboração aumentada por recurso a um software GDSS, as ideias de todos os participantes ficam automaticamente registadas e visíveis para todos, igualando assim os níveis de participação no grupo.

↗️ Ver também no capítulo final – Apoio da tecnologia.

Sabemos que em reuniões convencionais a voz de certos participantes é silenciada pelas intervenções daquelas ou daqueles que têm melhores dons de oratória, maiores conhecimentos específicos ou maior posição social ou organizacional para poder opinar com mais intensidade. A memória de grupo é uma importante ajuda para obviar estes desequilíbrios e fomentar a participação genuína.

3. Associar ideias com as pessoas
É sabido que as emoções perturbam muitas vezes a racionalidade das escolhas. Se associamos uma ideia a uma pessoa com quem estamos em conflito o mais provável é que acabamos por preferir as ideias de outros, independentemente do seu mérito. Isto é o que ocorre em reuniões convencionais onde as ideias propostas ficam associadas às pessoas e como tal, contaminadas por preconceitos ou juízos apriorísticos associados.

Ao realizar um registo de todas as ideias num espaço comum, que serve de memória de grupo, ocorre a despersonalização das ideias individuais e emerge a percepção de um registo de grupo. As ideias aí registadas são vistas como sendo do grupo e já não de uma pessoa em concreto. Cada contributo individual será diluído no registo do grupo que tende a ser visto como a propriedade de todos.

4. Perda de foco
É frequente numa reunião convencional que o grupo se distraia e perca o foco da discussão, novas ideias tangenciais ao tema são constantemente aportadas e geram mais debates paralelos e ainda maior perda de foco. O registo da memória de grupo ajuda a manter o foco de discussão no ponto em debate. Você poderá intervir do seguinte modo:

"vamos continuar a clarificar este item antes de passar aos seguintes, eu registei todas as ideias novas, mas proponho que o grupo mantenha agora o foco nesta ideia e depois passamos para as seguintes, concordam?"

5. Limitação das palavras
Em certas reuniões convencionais, observamos a existência de um participante ao qual assignam a tarefa de registar por palavras todas as diversas intervenções na reunião, com o fim de partilhar

depois como ata da mesma. No entanto esse tipo de registo sequencial é limitado às palavras.

Muitas vezes as ideias expressas no grupo podem ser melhor representadas através de tabelas, diagramas, e esquemas com flechas que conectam diversas ideias relacionadas entre si.

Num registo de memória de grupo, os participantes podem realizar todo o tipo de anotações em páginas em branco que depois podem ser afixadas na parede frente ao semicírculo de cadeiras ou, com recurso a *groupware* digital, podem ser escritas nas várias páginas virtuais de uma tela interativa e ser consultadas a todo o momento pelos participantes através dos seus dispositivos digitais.

Ver também no capítulo final – Apoio da tecnologia.

6. *Sobrecarga de informação*

Os registos de memória de grupo são essenciais em reuniões onde tenha lugar um processo com várias etapas e que usem diferentes heurísticas, nas quais as anotações gráficas são imprescindíveis.

A maioria dos métodos de resolução de problemas que são realizados em *workshops* incluem vários passos e diferentes etapas.

Por exemplo, iniciar com uma chuva de ideias, depois, clarificar cada ideia, antes de passar para uma segunda fase, onde se reagrupam todas essas ideias de acordo com certas categorias semânticas, as quais, numa terceira fase, serão ordenadas de acordo com as prioridades decididas pelo grupo.

Seria impossível pedir aos participantes que memorizem toda esta informação nas suas cabeças e a realização de anotações particulares pode levar a perda de informação e falhas de comunicação.

Para além do tradicional uso de folhas de papel em largo formato, existem hoje em dia uma variedade de software de ideação que dão resposta a estas necessidades. Programas como iObeya, Nureva, Yellow, podem trazer ganhos de eficiência a este tipo de processos[xxxviii].

 Ver último capítulo – Apoio da tecnologia.

7. Perturbação pelos atrasos
Ocorre habitualmente, em qualquer tipo de reunião, a chegada tardia de algum participante, a qual pode gerar um problema extra aos facilitadores pela eventual perda de informação sobre os assuntos já tratados até ao momento.

Com o registo da memória de grupo, é mais fácil para qualquer participante que chegue tarde poder observar as anotações e os esquemas e poder compreender a história do processo, incluindo o atual foco de discussão. Para além disso, o participante poderá usar os registos da memória de grupo para inquirir os facilitadores, no intervalo, acerca de alguma dúvida que possa subsistir.

8. Acordos vagos e mal compreendidos
Em reuniões convencionais é habitual que uma vez terminada a reunião cada um tenha uma diferente percepção dos acordos alcançados e das tarefas pendentes. Cada pessoa pensa que compreendeu perfeitamente o que ficou decidido até regressar à seguinte reunião e observar essas graves divergências.

Um registo da memória de grupo é realmente eficaz para debelar este tipo de problemas e ajudar a clarificar os acordos e decisões tomadas pelo grupo. Por exemplo, ao efetuar uma lista de tarefas com os responsáveis assignados em que os próprios se comprometem ante o grupo com uma data limite para a realização das mesmas, obtêm-se uma maior clareza sobre os compromissos alcançados.

9 Falha de memória
Em processos colaborativos muito longos e com reuniões muito extensas em que os participantes possam ter tido participações

ativas intermitentes, as falhas de memória sobre os conteúdos e decisões alcançadas podem ser até normais. Um participante poderá ter presente certos aspetos da informação produzida, mas ignorar muita outra informação igualmente relevante.

A adoção de certos programas como *Powernoodle*[xxxix] ou *Lucid Meetings*[xl] podem ser úteis para criar uma organização na aparente desordem de um processo colaborativo que inclua vários eventos dilatados no tempo.

 Ver último capítulo – Apoio da tecnologia.

 *Em resumo*

Os registos da memória de grupo são úteis para criar um registo permanente de todo o processo colaborativo.

Hoje em dia, graças à profusão de *smartphones* e de sistemas de partilha na nuvem, é possível guardar digitalmente um registo completo de toda a memória de grupo de múltiplas reuniões relacionadas entre si, os passos que foram dados, as conclusões obtidas e os acordos alcançados.

Essas anotações podem ser convertidas depois em atas e ser objeto de tratamentos mais aprofundados e que envolvem a criação de mapas infográficos para difusão e projeção digital a uma audiência mais vasta. Tudo isto será feito com exatidão se for realizado um cuidadoso registo da memória de grupo em cada momento da reunião facilitada.

 No capítulo final, irei abordar com mais detalhe os diferentes tipos de tecnologias para suporte à colaboração – os 3 tipos de *groupware* (físicos, digitais e conceituais) – e como podem potenciar a ação de facilitar grupos. Igualmente, no seguinte capítulo, iremos ver como a variável 'produto' do acrónimo STEPS, amplia os conselhos práticos aqui referidos sobre o registo da produção do grupo.

V. Outros aspectos a considerar: STEPS

☞ Como vimos no capítulo III, dos cinco passos para a colaboração identificados por Strauss (2002), 'projetar um mapa para o processo' é o elemento de charneira entre líder facilitador e facilitador, que é designado ou contratado pelo primeiro.

No entanto, a arquitetura da colaboração envolve também decidir sobre os aspectos práticos associados ao desenho de reuniões já referidas no capítulo anterior e que iremos consolidar aqui, na pré-conclusão deste livro.

No capítulo anterior, abordamos um dos 'como fazer' da arquitetura da colaboração – a gestão dos registos de grupo. É agora útil conhecermos quais os aspectos práticos na produção de um processo colaborativo, na forma de uma reunião participada ou de um *workshop*.

- ✓ ~~A revolução digital e um novo paradigma para a resolução dos problemas.~~
- ✓ ~~O que são e o que fazem os arquitetos da colaboração.~~
- ✓ ~~Como arquitetar a colaboração.~~
- ✓ ~~A gestão da memória do grupo como uma peça-chave para facilitar a colaboração.~~
- ✓ **Os cinco aspectos a considerar na produção da colaboração.**

O poder de síntese de um acrônimo
Este acrônimo STEPS - *Space, Time, Eventfulness, Product, Style* - está associado à literatura sobre ToP (Technology of Participation).

Como veremos no volume 2 desta série - *Arquitetar a Colaboração: Facilitar Grupos e Liderar pela Facilitação* - um *workshop* com o método ToP proporciona um excelente nível de entrada para que uma organização possa 'descongelar' a cultura dominante nas suas reuniões convencionais e entrar na mudança de paradigma das reuniões participadas e da geração de consenso.

Espaço - Localização - Tema-decoração - Audiovisuais - Mapa de assentos	Tempo - Agendamento - Formato - Ritmo e pausas	Vivência - Mudanças de fluxo - Celebração - Humor - Música - Prémios
Estilo - Preparação - Honrar a diversidade - Linguagem corporal - Equilíbrio - Manter o rumo	**STEPS**	Produto - Quadros e diagramas - Propostas - Documentos - Próximos passos

Tabela 11 - Variáveis a considerar para projetar um processo colaborativo num workshop (Spencer 1989)

A Tabela 11 - Variáveis a considerar para projetar um processo colaborativo num *workshop* – resume as 5 variáveis a ter em conta para apoiar a decisão de realizar um *workshop*. Estas variáveis ajudam a sistematizar o seu planejamento, criando um mapa do processo ou agenda, não apenas com a definição dos conteúdos, dos processos e dos tempos, mas com todos aqueles aspetos que definem um produto ou serviço de qualidade.

1. Espaço
Esta é uma das variáveis menos controlada pelos facilitadores de *workshops* no âmbito organizacional interno, por oposição ao máximo cuidado que os arquitetos de grandes eventos colocam nas suas reuniões e congressos.

No entanto, existem inúmeras evidencias científicas para o impacto das múltiplas variáveis espaciais na performance de um grupo.

👁 No ministério dos transportes e da gestão da água do governo da Holanda[xli] existe um centro de futuro - LEF Future Center[xlii] - que funciona como um verdadeiro *living lab*[xliii] sobre o impacto das variáveis do espaço na facilitação de grupos.

💭 "Eu pude experimentar por várias vezes o uso poderoso que este centro faz da manipulação do espaço na facilitação de grupos. As condições tecnológicas do LEF são absolutamente fabulosas, pois através de um sofisticado sistema de vídeo-projeção, qualquer sala de reuniões se pode converter, sucessivamente, numa selva tropical, ou num amplo deserto e voltar a ser o último andar de um arranha-céus em Nova York. Manipulando as imagens projetadas nas paredes brancas e o áudio da sala, somos levados a cruzar oceanos em questão de segundos.

Está claro que os grupos de executivos que chegam ao LEF para um *workshop* de reflexão estratégica, são submetidos a uma variedade de experiências sensoriais relacionadas com o espaço.

Imaginem o impacto que é para um grupo em que todos os participantes são convidados a tirar os sapatos e a deitarem-se confortavelmente instalados numa poltrona numa sala completamente às escuras olhar para um céu estrelado que está projetado no teto, onde os facilitadores nos pedem para abandonar as nossas preocupações e pensar naquilo que é a nossa máxima aspiração na vida?"
Ver Imagem 5 - Aspecto de uma sala de workshop no centro de futuro LEF.

O caso extremo do LEF, no emprego do variável espaço em facilitação, é difícil de replicar em qualquer outra parte, mas é útil para nos alertar para a importância de selecionarmos um local de reunião apropriado para os nossos objetivos.

Não será de todo credível convocar um grupo para refletir sobre o futuro estratégico de uma organização e que essa reunião importante decorra num espaço improvisado no *hall* da entrada da empresa ou num armazém. Versus a mesma ocorrer num espaço idílico, como seja o caso de um hotel ou centro de convenções, onde a decoração da sala e as suas amenidades comunicam por si mesmo a importância conferida ao evento.

Imagem 5 - Aspecto de uma sala de workshop no centro de futuro LEF

Desde a escolha do local da reunião, passando pela decoração de sala, até à escolha dos equipamentos de suporte, audiovisuais, *flipchart* ou tela interativa até ao modo como os participantes estarão sentados na reunião, existem inúmeras formas de fazer com que o espaço trabalhe para nós.

> "No último workshop que facilitei a minha preocupação foi poder chegar com a máxima antecedência ao local precisamente para ver que tipo de espaço iria dispor e o que poderíamos fazer com ele. O centro empresarial onde iria decorrer a reunião já de si tinha um certo charme o que ajudaria a criar um ambiente digno para a reunião.
>
> Ao chegar à sala respirei com alívio. Não que fosse uma sala espetacular ou com uma vista de cortar a respiração, simplesmente tinha todos os ingredientes básicos para poder realizar ali o nosso *workshop* – uma tela (televisor de 42 polegadas) como sistema de projeção, cadeiras, mesas espaço suficiente para acondicionar duas zonas de

trabalho. Com esse tempo de antecedência, imaginei de imediato a separação em duas zonas, um círculo de cadeiras junto ao televisor onde iríamos realizar as apresentações iniciais, e uma outra zona ao fundo da sala com as mesas dispostas para o trabalho em grupo, 4 a 6 pessoas por mesa."

Um aspeto simples, mas que pode ter um impacto muito positivo no espaço de um *workshop* são os elementos decorativos que podemos usar.

"Eu recordo sempre com agrado a primeira vez que participei numa conferência da IAF, em que os meus colegas que iam facilitar a sessão nos recebiam naquilo que era uma quase banal sala de conferências de um hotel, mas cheio de elementos decorativos. Posters afixados nas paredes com as regras de comportamento participativo em reuniões, e outros pequenos detalhes que davam uma imensa vida á sala. Os copos com as canetas e os blocos de nota de várias cores em cima das mesas junto às paredes e as cadeiras dispostas em círculo. Eu diria que esses elementos, sem significado aparente, davam um agradável toque humano face ao despersonalizado que uma sala de conferências de um hotel costuma ser. Um toque que subtilmente nos dizia - Encantados por vos receber, bem-vindos! Esta é a sala que vos oferecemos a vós enquanto grupo, algo de importante poderá ocorrer hoje aqui – a vossa participação na reunião."

2. Tempo

Uma cuidada gestão de tempo poderá fazer toda a diferença entre um *workshop* de qualidade e aquilo que poderia chegar a ser um bom *workshop*. É por muitos conhecida o provérbio:

> "O tempo perguntou ao tempo, quanto tempo o tempo tem? O tempo respondeu ao tempo que tem tanto tempo quanto o tempo tem."

Na prática, isto significa que o tempo é uma construção mental balizada por critérios objetivos – meses, dias horas ou minutos – mas com vivências subjetivas sujeitas a uma elevada variabilidade.

Uma hora de espera no médico pode ser vivida de diferentes formas, se você tem dois filhos pequenos implicando um com o outro ou se você está só e acaba de encontrar aí alguém próximo de si e que não via há muito tempo.

O mesmo pode suceder numa reunião facilitada ou num *workshop*, a gestão dos tempos deve ser feita para assegurar um máximo nível de satisfação a todos os participantes com a realização da tarefa.

Os principais elementos que podem impactar na gestão do tempo são:

- O agendamento, ou seja, a escolha da data e do horário da reunião,

- O formato da agenda

- A variação do ritmo e as pausas da sessão.

Agendamento

Uma reunião de planeamento de negócio que se realiza num fim de semana ou durante a semana poderá ter um significado distinto para os participantes e impactar a sua vontade em participar. Se escolhemos um horário ao final de um dia de trabalho para realizar uma sessão que requer criatividade e energia talvez não seja o mais adequado. No entanto, se o conteúdo da sessão é o de efetuar uma reflexão sobre a qualidade do trabalho na empresa, um momento ao final do dia pode ser bastante útil ao propiciar casos concretos de vivências recentes, no próprio dia, que podem ser compartilhadas e debatidas num ambiente calmo e distendido e que se pode prolongar até um pouco depois do horário (*after hours*).

Formato da agenda

Sabemos hoje que o período máximo da atenção seguida de um adulto varia entre 18 a 20 minutos. Uma agenda que não tenha isto em conta poderá provocar saturação e cansaço desnecessário aos participantes. Pelo contrário, um formato de agenda com atividades diversificadas em cada momento, variando entre apresentações, tempo para reflexão individual, atividade em pequeno grupo, discussão em grande grupo, com amplos períodos de pausa, poderá propiciar uma percepção de emprego de tempo mais satisfatória e distendida.

Variação do ritmo e pausas

Finalmente, podemos empregar o ritmo da sessão como um elemento facilitador da atividade do grupo. Por exemplo, na resposta a perguntas objetivas ou reflexivas, não é o mesmo que é dispêndio com a resposta às questões interpretativas ou decisionais. Se uma facilitadora adotar o método da Conversação Enfocada da ToP (*Focused Conversation*)[xliv] na fase das questões objetivas podemos deixar que o grupo acelere na produção de ideias e por outro lado não intervir igualmente durante a fase de interpretação, quando ocorrem momentos de silêncio prolongado. Saber interpretar o sentir do grupo e deixar que fluía o debate até sentir que é chegado o momento de sugerir uma pausa ou uma ronda final de conclusões é um poderosa ajuda para a gestão do tempo numa reunião.

3. Vivência

Um *workshop* deverá ser, sobretudo, um espaço vivencial onde decorrem experiências de vida, que na maior parte dos casos são irrepetíveis, tanto para facilitadores como participantes.

> Vivência s. f - Processo psicológico consciente no qual o indivíduo adota uma posição valorizante, sintética, que não é apenas passiva e emocional, pois inclui também uma participação intelectual ativa.[xlv]

Está demonstrado que as pessoas respondem de forma positiva a uma variedade de elementos vivenciais, como podem ser o humor ou o drama, em *story telling*, os momentos de celebração com música ou dança, exercícios breves para relaxar e energizar, como sejam círculos de participantes que realizam pequenas massagens nas costas uns dos outros, jogos sinestésicos com a manipulação de objetos, etc.

Estas atividades vivenciais podem ser combinadas com a variável tempo.

> Por exemplo, concluir uma semana de trabalho com um encontro de todos os membros da empresa para um *after hours drinks* ainda dentro do horário de trabalho, planificar uma atividade de lazer no final de um dia intenso de atividade num *workshop* ou realizar um jantar de gala de agradecimento e com entrega de prémios a equipes ou indivíduos no final de um processo colaborativo com vários meses de duração e envolvendo múltiplas organizações participantes.

Todos estes exemplos demonstram como a dimensão humana é multifacetada e que devemos atender à realização da tarefa de grupo sem nunca esquecer os elementos de vida, sem nunca esquecer tudo aquilo que significa sermos humanos.

4. Produto
Numa reunião convencional, sucede com frequência que, no final, após um amplo debate, todos saem da reunião esperando que alguém se possa fazer cargo de enviar um resumo com as principais conclusões e quais as tarefas assignadas a cada qual, mas ninguém o faz. Quando isso sucede, todos os ganhos que podem ter sido conseguidos antes pelos compromissos obtidos nas

conclusões, se perdem automaticamente. As palavras levam-nas o vento, como todos sabemos, e este provérbio é bem ilustrativo do que sucede em muitos grupos:

> "Esta é uma história sobre 4 (quatro) pessoas: TODO MUNDO, ALGUÉM, QUALQUER UM e NINGUÉM. Havia um importante trabalho para fazer, e TODO MUNDO tinha a certeza que ALGUÉM o faria. QUALQUER UM poderia tê-lo feito, mas NINGUÉM fez. ALGUÉM se zangou porque era um trabalho de TODO MUNDO. TODO MUNDO pensou que QUALQUER UM poderia fazê-lo, mas NINGUÉM imaginou que TODO MUNDO deixasse de fazê-lo. No final TODO MUNDO culpou ALGUÉM porque NINGUÉM fez o que QUALQUER UM poderia ter feito."

Contrariamente a uma reunião convencional, é esperado que uma reunião facilitada ou um *workshop* produzam uns determinados resultados. Estes podem ser algo tangível e com impactos mensuráveis na comunidade ou na organização, mas também podem ser resultados intangíveis, originados por essa extraordinária sensação de fazer parte de algo que é mais que a simples soma das partes – onde todos fizemos o que ninguém jamais pensou que alguém o pudesse fazer.

Conceito de produto

O produto de uma reunião é tudo aquilo que possa ser entregue pelo grupo como um resultado do processo colaborativo, um resumo escrito, um plano ou projeto, o resultado de uma votação, uma lista de ideias ou um objeto tridimensional composto por peças do jogo Lego[xlvi].

> "Quando ouço falar em produto de uma reunião, imediatamente me vem a memória essa obra clássica – Grupos Inteligentes[xlvii] – escrita por dois psicólogos Fernando Cembranos

e José Angel Medina que sistematizam de forma notável a teoria e a prática do trabalho em equipe. Este é um livro notável, pois entre outras muitas coisas, explica com simplicidade a importância de definirmos sempre qual é o produto ou produtos de uma reunião, e clarificá-los desde a própria confecção da agenda."

👁 Por exemplo, numa reunião convencional, é usual vermos pontos na agenda como:

Ordem do dia:

- Novo edifício

- Compras de informática

- Layout de Parking

- Outros

Terá que haver uma elevada dose de contexto partilhado para que os assistentes possam intuir o que se poderá esperar que o grupo possa produzir nesta reunião, para além de um amplo debate sobre cada um destes pontos. Mas reunir um grupo para debater é talvez o menos produtivo dos motivos para convocar uma reunião.

Como sabemos por experiência, os grupos entram facilmente em 'modo tertúlia'[xlviii], como se existisse um secreto prazer no simples debate abstrato de ideias. No entanto, quando inquiridos individualmente os membros de um grupo todos consideram que o debate é uma perda de tempo numa reunião.

Definição de produto
A definição dos produtos de uma reunião é útil para refletir melhor sobre o design da sessão e, ao incluí-los na convocatória, torná-la mais atraente para seus participantes.

Cembranos e Medina (2003) sugerem um conjunto de perguntas cuja resposta ajuda a definir o produto de uma reunião:

- O que é que tem que sair desta reunião?

- O que é que levamos em concreto?

- Onde está materialmente refletido?

- Quem é que o faz em concreto?

Se usarmos estas mesmas questões, poderíamos refazer a agenda anterior do seguinte modo (ver Tabela 12 - Diferenças entre pontos a tratar e produtos da reunião):

Temas em agenda	Produto da reunião
- Novo edifício	- Identificar os espaços de trabalho a distribuir no novo edifício. - Propor uma afetação provisória dos mesmos.
- Compras de informática	- Listar quais os itens de compras de material informático que serão necessárias extra aos orçamentos anuais já aprovados.
- Layout de Parking	- Identificar os lugares disponíveis para a empresa. - Propor os critérios para atribuição de lugares.

Tabela 12 - Diferenças entre pontos a tratar e produtos da reunião

A definição, à priori, dos produtos de uma reunião, pode determinar o desenho dos processos de colaboração e poupar tempo de reunião.

Por exemplo, ficando claro que o grupo não tem que obrigatoriamente chegar a um consenso entre todos os participantes sobre cada ponto, podemos pedir aos participantes que se dividam em três subgrupos para que cada um possa tratar de um ponto específico e no final da reunião juntarem-se de novo para apresentação dos produtos da reunião que foram distribuídos entre eles.

Tipos de produtos

Os tipos de produtos mais usuais para os pontos a tratar numa reunião podem ser:

- Criar uma lista de ideias
- Identificar tarefas a realizar
- Auscultar o grupo
- Criar um esboço de um plano
- Apresentação de propostas
- Transferir informação / dar explicações
- Operacionalizar e desenvolver ideias
- Elaborar um documento
- Formação de comissões ou subgrupos para distribuição de tarefas
- Aprovar propostas
- Realizar acordos / seguimento de acordos
- Outros produtos específicos (jogo, etc.)

É habitual usar os registos de memória de grupo (ver capítulo anterior) para poder oferecer um produto de reunião tangível. Os facilitadores experimentados sabem-no bem, e tiram partido dos registos em papel e lápis nos cavaletes ou as notas em papel autocolante (*post it*) que são manuscritas pelos participantes ou por subgrupos de participantes, e que são depois compostas e reagrupadas nas paredes ou quadros magnéticos - o que designo por *groupware* físico. Estas práticas produzem uma evidência viva e atual da atividade do grupo na forma de produtos tangíveis.

No último capítulo iremos ver como o emprego da tecnologia pode melhorar os produtos de uma reunião.

5. Estilo

Por último, o estilo de facilitação pode ser facilmente identificado pela a forma como duas pessoas aplicam uma mesma técnica.

👁 Por exemplo, ao realizar uma intervenção como seja o caso de fazer uma pausa para consultar o grupo, o chamado 'time out', poderemos escutar:

> "Gente, posso pedir para vocês que o grupo faça agora uma pausa para uma consulta breve? (esperando que todos parem) Vocês não acham que estamos a ir demasiado rápido?"

> "Atenção a todos, observo que este grupo está a ir demasiado rápido, mas vou deixar seguir, alguém tem alguma coisa a objetar?

Cada uma destas intervenções revela um estilo diferente de lidar com o grupo e esse estilo é indissociável da pessoa que facilita, semelhante à assinatura que os pintores fazem na sua obra. Mas, tal como estes podem mudar de estilo ao longo da vida - são conhecidos os famosos períodos de Pablo Picasso: azul, rosa, africano, cubismo, etc. [xlix] - o mesmo poderá ocorrer com os facilitadores.

Ao longo da sua evolução profissional, uma facilitadora ou facilitador de grupos poderão encontrar formas mais eficazes de empregar as mesmas técnicas que se traduzem em sucessivas mudanças de estilo, ou até mesmo adotar uma nova metodologia de facilitação que altera o seu estilo de forma mais radical.

👁 Por exemplo, uma facilitadora ou facilitador que adota o método de facilitação gráfica ou visual da Grove consulting [l] poderá ter que mudar o seu estilo de facilitação de forma mais acentuada se antes usava um método de *workshop* de consensus da ToP [li] que é centrado na produção de notas escritas, ou vice-versa.

Mas não é apenas o conhecimento prático e o uso de diferentes técnicas de facilitação que condiciona uma diferença de estilo de facilitação.

Como veremos no volume 2 desta série - **Arquitetar a Colaboração: Facilitar Grupos e Liderar pela Facilitação** - a facilitação é uma atividade profissional que exige um aperfeiçoamento contínuo, no qual o nosso próprio autoconhecimento, como pessoa, e o desenvolvimento da nossa intuição social desempenham um papel importante.

No decurso da sua formação e aprendizagem cada facilitador desenvolve uma filosofia pessoal de facilitação. Ou seja, ela ou ele identificam um conjunto de princípios ou crenças-base que sustentam a lógica para as decisões que efetuam no desenho de um processo participativo e que irão orientar as suas intervenções no momento da interação com os outros (Bens, 2005).

Variáveis de estilo

No livro *Winning Through Participation*, Laura Spencer (1989) define um conjunto de variáveis de estilo que podemos classificar como mais ou menos fundacionais em relação à criação de uma filosofia de facilitação. Desse modo, os princípios de estilo são comuns a qualquer escola de facilitação são os seguintes:

- Honrar a sabedoria e o potencial criativo do grupo e de cada um dos seus participantes.

- Acreditar que cada pessoa detêm uma importante perspetiva para contribuir desde a sua visão da realidade e que é igualmente válida em relação a todos os demais.

- Encorajar a participação genuína no grupo e impedir a emergência de vozes dominantes que silenciam ou inibem a participação dos restantes membros do grupo.

- Uma atenção genuína pelo bem-estar do grupo e dos seus participantes, afastando os comentários negativos críticos que impedem o progredir da colaboração no grupo.

- Desde uma perspetiva neutra, fornecer objetividade ao grupo, sem favorecer nunca uma escolha em relação a outras.

Auto facilitação

Finalmente, as abordagens holísticas na formação de facilitadores preconizam a inclusão de princípios de autoconhecimento, através da auto-perceção (*self-awareness*) e da consciência própria (*self-consciousness*) que se desenvolvem através da auto facilitação. A Neozelandesa Dale Hunter, através do seu livro *Art of Facilitation* (Hunter, 2007) tem sido um referente para centenas de facilitadores em todo o mundo e foi também o meu primeiro livro sobre facilitação.

Nesta tradição a totalidade da pessoa não pode ser nunca dissociada em componentes isoláveis entre si.

Por exemplo, a cognição e a racionalidade não é algo que exista em abstrato, mas apenas um aspeto de um todo maior que inclui as emoções e a experiência física corporal.

A seguinte auto-observação poderá elucidar melhor:

"Quando eu penso em algo, isso geralmente desperta uma emoção em mim, e esse conjunto composto por pensamento mais emoção tem um imediato reflexo na percepção de uma sensação corporal que posso identificar com mais ou menos facilidade. Estes referentes corporais permitem-me estar centrado no aqui e agora, e poder oferecer ao grupo a minha presença total, através de um estar alerta, mas ao mesmo tempo completamente relaxado, aberto ao desenrolar da surpresa de cada momento e de uma genuína curiosidade por tudo aquilo que acontece no momento."

Através de um treino intenso que é baseado numa filosofia da colaboração baseada nas tradições do povo Maori[lii] a empresa Zenergy Global[liii] oferece um programa de formação baseado num amplo trabalho de investigação-ação e no conceito da tecnologia cooperativa. A tabela 13 resume o impacto das diversas atividades mais características dos respectivos estilos de facilitação.

Tipo de abordagem	Autores de renome e enfoques	Exemplos de estilo de atividades	Escolas de formação
Gráfica e visual	David Sibbet, Graphic and Visual facilitation	Emprego de metáforas visuais para facilitar processos grupais: Visual Planning Systems (ex. Mandala Vision, Organizational processo, Waves of innovation); Team Performance Systems (Team performance wallchart, Team performance indicator).	The Grove Consultants International[liv]
Centrada nos processos	**1)** Brian Stanfield, ToP (Technology of Participation) **2)** Sam Kaner, Participatory decision-making	**1)** *Workshop* de consenso, *Wall of Wonder Historical Scan* (linha de tempo), *Focused conversation*, planificação de sessão STEPS. **2)** Valores da participação, modelo diamante da dinâmica de decisão em grupo, técnicas para honrar o ponto de vista de todos.	**1)** The Institute of Cultural Affairs[lv] **2)** Community at work[lvi]
Centrada na estrutura	Henri Lipmanowicz e Keith McCandless, Estruturas libertadoras	Um total de 33 estruturas, por exemplo: 1-2-4-todos, TRIZ, *25/10 Crowdsourcing*, *Conversation café*, *Wise crowd*s, etc.	Liberating Structures[lvii]
Centrada no grupo	**1)** Roger Schwarz, The skilled facilitator approach. **2)** Harrison Owen, Open Space Technology.	**1)** Double loop learning[lviii], regras básicas para grupos efetivos. **2)** Círculo de abertura, *market place*, lei dos 2 pés; (1) quem quer que apareça é a pessoa certa, (2) aquilo que acontece é a única coisa que poderia, (3) Quando começa é no tempo certo, (4) Quando termina, termina.	**1)** Roger Schwarz & Associates, Inc.[lix] **2)** Open Space World[lx]
Holística	Dale Hunter, co-operacy facilitation	Abordagens multissensoriais envolvendo música, movimento, dramatização, texturas, aprendizagem sinestésica, etc.	Zenergy Global[lxi]

Tabela 13 - Diferentes estilos de facilitação segundo as escolas de origem

VI. Apoio da tecnologia

↶ Nos capítulos anteriores abordamos o porquê, o quê e o como da arquitetura da colaboração. Vimos como um líder facilitador opera a partir de um novo paradigma, no qual a resolução de problemas com a participação e geração de consenso de todos os implicados, leva as equipes a níveis mais altos de desempenho.

Resta apenas abordar os aspetos relacionados com o emprego da tecnologia na facilitação de grupos. Esta pode dar uma pedra de toque a todos os profissionais da facilitação de grupos para agregar valor a uma oferta de produtos e serviços de qualidade.

- ✓ ~~A revolução digital e um novo paradigma para a resolução dos problemas.~~
- ✓ ~~O que são e o que fazem os arquitetos da colaboração.~~
- ✓ ~~Como arquitetar a colaboração.~~
- ✓ ~~A gestão da memória do grupo como uma peça-chave para facilitar a colaboração.~~
- ✓ ~~Os cinco aspetos a considerar na arquitetura da colaboração.~~
- ✓ **O apoio da tecnologia.**

O dealbar da colaboração

Desde o simples anotar de ideias num guardanapo no final de uma refeição, até ao uso do mais complexo software de apoio à decisão em grupo, o suporte tecnológico para a colaboração é algo que acompanha a humanidade desde o seu dealbar. Não é difícil de imaginar, nas primitivas grutas de Altamira [lxii], que as conversações ao redor da fogueira possam ter usado esses mesmos desenhos nas paredes para propor e decidir sobre as melhores táticas colaborativas para a caça dos bisontes nos tempos do paleolítico superior, há 35.000 anos atrás.

Nos dias de hoje, todas as formas de colaboração – básica ou planejada – podem ser aumentadas graças à tecnologia. Os sistemas de videoconferência e, particularmente, as ferramentas para colaboração visual, como os quadros brancos com fotocopiadora acoplada e, mais recentemente, pelos monitores interativos de grande formato, possibilitam efetuar os registos de grupo em modo *flip-chart* digital (ver Imagem 6 – Exemplo de quadro digital para anotações numa reunião).

Imagem 6 – Exemplo de quadro digital para anotações numa reunião
(cortesia First Five Consulting - F5C)

Uma camada seguinte de colaboração aumentada, é possibilitada hoje pelo uso da realidade virtual 3D, por exemplo, para criar um espaço de colaboração num ambiente virtual imersivo para todos participantes, independentemente de suas localizações geográficas[lxiii].

Finalmente, as ferramentas GDSS (*Group Decision Support Systems*) aumentam a eficácia da colaboração planificada. Esta classe de software cria uma camada extra de produtividade que combina o valor da colaboração improvisada espontânea com as vantagens de uma agenda bem projetada para reuniões presenciais ou virtuais.

Um sistema de apoio à decisão em grupo (GDSS) é um sistema interativo baseado em uma rede de computadores que ajuda uma equipe de tomadores de decisão a resolver problemas e fazer escolhas (ver Figura 9 - O uso da colaboração aumentada no contexto global das reuniões).[lxiv]

"Estou falando aqui sobre auxílios de software para colaboração. GDSS é o acrônimo de Group Decision Support Systems. Não se preocupe se esta é a primeira vez que você lê sobre isso. Mesmo os especialistas em reuniões mais experientes ainda são novos neste termo.

Há um número de produtos no mercado que são projetados para suportar reuniões, nem todos podem ser considerados como sendo GDSS, nem têm o mesmo conjunto de recursos ou preços. (...). Esta tecnologia está em constante evolução e os fornecedores de software estão melhorando constantemente os recursos das novas versões.

Tradicionalmente, o GDSS tem sido usado para a colaboração síncrona e no mesmo local, nas chamadas "salas de decisão estratégica".

Durante o meu doutorado (Ph.D.) pesquisei em várias organizações que adotam estes sistemas que uma delas batizou como "salas de aceleração" (*accelerator room*). Atualmente, os GDSS prosperam no mundo virtual, pois os cenários de reuniões híbridas estão fazendo grandes avanços. A noção de "reunião" acabará sendo reinventada em paralelo com o declínio do uso do e-mail que, tal como o conhecemos desde o século passado, se irá tornar obsoleto."

Imagem 7 - Exemplo de uma sala de decisão com o GDSS Spilter

As características de uma 'Sala de Decisão' com GDSS são as seguintes:

- Cada participante tem uma estação de trabalho com um computador portátil.
- Um facilitador que coordena a reunião e, opcionalmente, um co-facilitador que opera o sistema.
- A sala tem uma tela de projeção ou monitor de grande formato onde se podem ver os resultados do processamento de dados que estão disponíveis para todos os participantes.

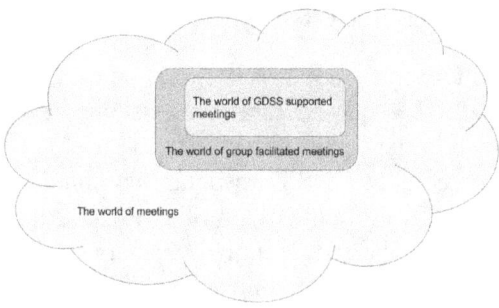

Figura 9 - O uso da colaboração aumentada no contexto global das reuniões

Recentemente, o avanço das tecnologias *cloud* (internet na nuvem) e a adoção massiva de dispositivos móveis (*tablets* e *smartphones*) permitiu o aparecimento de uma nova classe de software denominada "software de ideação". que pode vir a ser a próxima geração de GDSS, onde o uso de dispositivos interativos poderá fazer uma entrada decisiva. A colaboração visual na sala de reunião traz uma nova dimensão ao uso de sistemas GDSS e estará sujeita a novos desenvolvimentos como iremos ver em próximos volumes desta série.

Imagem 8 - Uso de software de ideação nova classe de GDSS - GroupMap

Este é também o caso das reuniões imersivas com a realidade virtual em 3D, onde os participantes podem realmente estar em uma sala virtual e usar e manipular *flip-charts* virtuais, como se estivessem numa reunião real. Se lhe interessa esta temática, existe um grupo no *LinkedIn* sobre GDSS ao qual se poderá juntar para manter esta discussão viva e frutífera.

 https://www.linkedin.com/groups/8587277

Para qualquer pessoa preocupada em destruir silos organizacionais e outros obstáculos para a colaboração, adotar ferramentas para colaboração aumentada é uma opção lógica. No entanto, a implementação bem-sucedida de tais ferramentas requer uma grande experiência em gestão de mudança associada a conhecimentos de design de reuniões e de facilitação de grupos.

Como defendi na investigação da minha tese de doutorado[lxv], os sistemas tecnológicos de apoio à decisão de grupo variam num escopo de banda que é muito larga. No âmbito das tecnologias tangíveis (artefatos físicos) eles podem ir desde um simples sistema de sinalização de tráfico para apoiar as decisões de um coletivo de condutores, até ao mais avançado sistema de videoconferência e visualização 3D.

Mas esse escopo tecnológico inclui igualmente as chamadas 'tecnologias de processos humanos' são tecnologias em sentido lato (artefatos conceituais) mas que têm um impacto igualmente tangível na emergência da colaboração no seio de um grupo e em todas as variáveis STEPS, que já observámos antes.

O *groupware* é um termo que descreve um conjunto de tecnologias para ajudar as pessoas envolvidas em uma tarefa comum a atingir seus objetivos.

Na minha tese de doutoramento, ampliei esta noção de *groupware*, para incluir os artefatos físicos como podem ser cavaletes *flipcharts*, quadros magnéticos, quadros com função de fotocopiadora, e os artefatos conceituais, os métodos para desenhar processos colaborativos (ver Tabela 14 - Diferentes tecnologias que aumentam os 3 tipos de colaboração).

Artefatos para a colaboração

No volume 2 desta série, evidenciei que os sistemas tecnológicos físicos podem impactar nas formas de colaboração básicas ou planejadas através de diferentes tipos de artefatos criando aquilo que eu designei como 'Colaboração Aumentada'.

Vejamos aqui, com mais detalhe, em que consistem os vários tipos de aumento à colaboração que a Tabela 14 - Diferentes tecnologias que aumentam os 3 tipos de colaboração – utiliza para caracterizar os diferentes artefatos tecnológicos para a colaboração.

Tecnologias de suporte à colaboração	Colaboração Básica	Colaboração Planejada	Colaboração Genuína
Artefatos físicos tradicionais (*groupware* convencional)	Guardanapo de papel, bloco de notas individual, flipchart ou lousa (quadro branco).	Flipchart, lousa ou quadro branco magnético, cartões, blocos post-it.	Quadro branco magnético ou parede, cartões, blocos post-it.
Artefatos físicos digitais (*groupware* digital)	Smartphone, tablete digital, videoconferência, monitor interativo.	Videoconferência, monitor interativo, PC portátil, tablete digital, software GDSS.	Videoconferência, software GDSS, PC portátil, tablete.
Artefatos conceituais, métodos de facilitação (*groupware* conceptual)	N. D.	Métodos ToP, Skilled Facilitator Approach, Visual metaphors[lxvi], certas estruturas libertadoras.	Open Space Technology, Unconference, World Café, Knownledge Café.

Tabela 14 - Diferentes tecnologias que aumentam os 3 tipos de colaboração

Colaboração básica aumentada

Por um lado, temos a colaboração básica que ocorre espontaneamente nos encontros casuais ou em certas reuniões convencionais onde o debate de ideias aquece e é necessário clarificar diferentes pontos de vista. Esta forma de colaboração espontânea pode ser aumentada de vários modos e com diferentes estilos de intensidade.

> Por exemplo, através da videoconferência podemos fazer uma chamada aos membros de um grupo que estão geograficamente distantes e que, de outro modo, jamais poderiam ser consultados e até participar de pleno direito na reunião, ainda que de uma forma virtual.

Se o suporte tecnológico a essa reunião, presencial ou em remoto, for ampliado com ferramentas para colaboração visual, nascem novas possibilidades de colaboração e incrementa-se a produtividade da reunião.

👁 Por exemplo, o uso de software de *flip-chart* digital, num monitor interativo de grande formato, possibilita a realização de anotações com tinta digital que permitem efetuar todo o tipo de registos de grupo numa reunião, à medida que esta decorre. No final da sessão essas anotações em formato digital podem ser partilhadas instantaneamente com todos os participantes na reunião, por correio eletrônico ou através da captura de imagens e gravação de ficheiros em suportes de memória USB.

Aumentar a colaboração planejada

Por outro lado, temos os processos de colaboração planejada, nos quais os modos de colaboração são desenhados de acordo com um propósito facilitador, que visa ajudar o grupo a alcançar um determinado resultado de uma forma mais objetiva que uma simples conversa espontânea ou casual, como as que ocorrem em encontros informais, junto aos dispensadores de água ou de café. Neste tipo de colaboração planejada, as tecnologias físicas de suporte podem ser as mesmas, mas entram aqui em jogo os artefatos conceituais que ajudam a planejar e estruturar as interações que ocorrem na reunião.

👁 Como exemplos destas 'tecnologias conceptuais', temos as Estruturas Libertadoras (Liberating Structures) de Henri Lipmanowicz e Keith McCandless[lxvii], a ToP (Technology of Participation) desenvolvida pelo ICA (Institute of Cultural Affairs)[lxviii] ou as metáforas de facilitação visual desenvolvidas por David Sibbet na Grove[lxix] entre outras.

Finalmente, os sistemas de apoio à decisão baseados em software, podem propiciar ainda maior nível produtividade a uma reunião planejada.

👁 Por exemplo, o software de suporte a workshops Stormz, inclui várias ferramentas que alertam os facilitadores quando ocorrem novos comentários e oferecem modos de visualização intuitivos para mostrar as diversas escolhas ou votações realizadas pelo grupo.

Manter a objetividade do grupo

Nas formas de colaboração planejada, uma das principais funções a desempenhar pela pessoa que exerce o papel de facilitação na reunião é o de manter a objetividade do grupo face á tarefa e sem perder nunca a neutralidade.

👁 Por exemplo uma intervenção possível para um grupo que não progride na colaboração, poderá ser:

🗂 "Observo que o participante X continua reticente em poder encerrar este assunto, e insiste em colocar mais questões aos proponentes do tema que o desejariam ver concluído. Pergunto se alguém no grupo quer sugerir uma forma de sairmos deste impasse, assumindo que todas as perspectivas são igualmente válidas e que é possível a inclusão de todos os pontos de vista numa solução que seja aceite por todos. Alguma sugestão?"

Dependendo do conhecimento e disponibilidade das ferramentas de apoio à decisão, um grupo poderá dispor de várias formas de superar este tipo impasses.

👁 Uma técnica usual seria a criação de um processo para apoio à tomada de decisão em grupo. Por exemplo, pedir ao grupo que se centre por um momento, nos critérios que deveria ter uma solução correta e aceite por todos. Essa participação poderá ocorrer por escrito, oferecendo a cada participante um pedaço de cartolina e uma caneta onde cada um escreve as suas ideias e as entrega ao facilitador que as coloca na parede ou por cima de um quadro branco magnético.

Se o debate fosse relativo à contratação de uma agência de marketing, as ideias introduzidas nos cartões poderiam ser:

- Grau de especialização no nosso negócio

- Anos de experiência

- Referências de outros clientes

- Perfil da equipe

- Criatividade

- Facilidade de ligação às vendas

Poderíamos, depois, questionar o grupo para filtrar estes resultados e reagrupá-los em menos categorias. O resultado final poderia ser:

- Especialização no negócio e ligação às vendas.

- Experiência e referências

- Talento da equipe

Uma vez atingida esta fase, o grupo poderá voltar a revisitar as propostas de soluções iniciais e classificá-las segundo estes critérios, atribuindo pontos a cada uma das agências em escolha. A decisão incidirá naquela que obtenha mais pontos em todos os critérios.

A eficácia do groupware

O exemplo acima é uma boa ilustração do uso daquilo que eu designo por uma tecnologia conceitual. Seguindo este mesmo processo anterior, poderíamos usar uma tecnologia digital - ferramentas GDSS (*Group Decision Support Systems*) - que consistem num sistema interativo baseado em uma rede de computadores portáteis. Estes sistemas digitais têm associados programas informáticos que ajudam os membros de uma equipe a resolver problemas complexos e fazer melhores escolhas através do consenso de grupo (ver imagem 7). Quando bem empregues, podem ser de uma ajuda inestimável e alguns facilitadores começam já a propor a sua adoção aos seus clientes.

👁 Por exemplo, com o emprego de um software GDSS [lxx] - como sejam os exemplos de *GroupMap*, *Stormz*, *MeetingSphere*, *Spilter* ou *Powernoodle* - podemos realizar o mesmo processo de apoio à decisão adotado no ponto anterior, mas de uma forma totalmente digital. Em vez de usar cartões afixados no quadro magnético, o facilitador pede a cada participante para usar o seu *smartphone*, tablet ou portátil para enviar as suas ideias e de uma forma interativa o próprio software permite a agrupação de categorias e uma atribuição de pontos rápida por parte de cada participante. Na tela de projeção ou no monitor interativo da sala de reuniões são instantaneamente apresentados os resultados de grupo com todo o tipo de detalhes estatísticos, que os facilitadores poderão comentar.

Custo vs. oportunidade
É evidente que no caso de um grupo pequeno e com uma questão simples como a contratação de uma agência de marketing não é o melhor exemplo para justificar o uso de um software GDSS, o processo analógico (com flip-chart de papel) será igualmente eficaz e o custo vs. oportunidade para adotar um *groupware* digital poderá não se justificar.

No entanto, no contexto de uma grande organização em que os problemas sejam mais complexos, já se pode justificar plenamente a adoção deste tipo de ferramentas groupware na criação de *workshops* participativos bem-adaptados às expectativas de resultados por parte do cliente.

👁 Por exemplo a criação de um novo modelo de negócio para uma linha de produtos inovadora ou a escolha de um parceiro estratégico para uma *joint-venture* ou ainda saber como melhorar o estado de saúde de uma comunidade étnica em risco de exclusão social. Todos esses exemplos poderiam justificar a adoção de um software GDSS.

Libertar o potencial criativo dos grupos

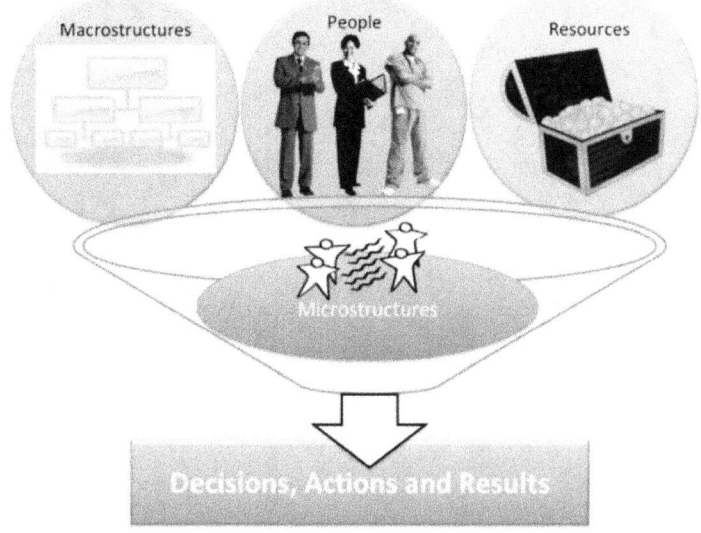

Figura 10 - O papel das microestruturas na produção de resultados (Lipmanowicz & McCandless 2013)

Segundo Lipmanowicz & Candless (2013) as microestruturas são o alfabeto com o qual a interação social humana tem lugar e que guia e controla a forma como os grupos trabalham e, portanto, as organizações. As microestruturas dão forma às nossas conversações e às nossas reuniões e que, segundo estes autores, podem ser de dois tipos – convencionais ou libertadoras.

Mas apenas estas últimas, como o nome indica, têm o poder de libertar o poder da participação genuína e fazer com que este possa emergir no seio de um grupo. Ver Figura 10 - O papel das microestruturas na produção de resultados (Lipmanowicz & McCandless 2013).

Tradicionalmente existem cinco "microestruturas" de interação convencionais que são padronizadas em organizações e grupos em reuniões (ver Figura 11 - Os métodos de interação em grupo):

- Apresentações

- Discussões gerenciadas

- Discussões abertas

- Relatórios de status

- Brainstorms (chuvas de ideias)

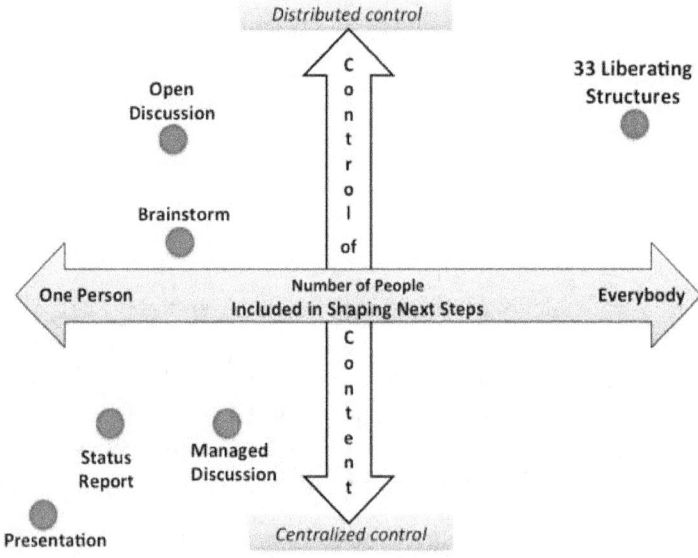

Figura 11 - Os métodos de interação em grupo, Lipmanowicz and McCandless (2013)

O problema é que estes métodos convencionais ou são demasiado restritivos (no caso de apresentações, discussões gerenciadas e relatórios de status) ou muito laxos (no caso de discussões abertas e *brainstorms*) que permitem bons níveis produção de conteúdos, mas sem uma estrutura que permita a convergência e a geração de consensos.

As Estruturas Libertadoras aproximam de forma interessante este paradoxo: Estruturar, ou seja, dar forma, e ao mesmo tempo libertar, ou seja, gerar a participação genuína. Elas são projetadas para adotar um controle distribuído que possa incluir um número maior e mais justo de pessoas na definição dos próximos passos e lograr todos os benefícios da participação genuína: propósito, inclusão, participação, clareza, criatividade, inovação e até diversão.

Em certa medida, a adoção de *groupware* digital poderá exercer o efeito das estruturas libertadoras. Em qualquer processo interativo (microestrutura) que ocorre num grupo podemos identificar os dois extremos de uma mesma polaridade:

É preciso controlar o processo para se alcançar um resultado determinado.

É preciso libertar a sabedoria do grupo que o irá guiar para encontrar o melhor caminho a partir dos recursos que compartem os seus próprios integrantes.

Ao incidir nos processos colaborativos que ocorrem em reuniões e ao melhorar a qualidade das interações nessas microestruturas, a adoção de um software GDSS poderá ser empregue nas reuniões críticas de uma organização para a conciliação destes dois extremos e obter os benefícios de ambos, em toda a sua plenitude.

Em resumo

A arquitetura da colaboração está em alta demanda devido às complexidades do atual ambiente de negócios (volátil, imprevisível, complexo e ambíguo) e ao poderoso impacto da revolução digital em todos os níveis da nossa sociedade.

Ao tentar lidar com esse ambiente altamente mutante, os gestores nas empresas e os docentes no ensino tornam-se arquitetos de colaboração sempre que conferem mais autonomia às pessoas e as envolvem na tomada de decisões que dizem respeito ao seu trabalho. Isto conduz a uma força de trabalho mais engajada (e alunos mais empenhados) o que é fundamental para obter o sucesso.

As responsabilidades de um arquiteto de colaboração são claramente no domínio do *peopleware*, no entanto, os gestores e os docentes muitas vezes não sabem distinguir entre 'processo' e 'conteúdo' e isso pode prejudicar as suas interações colaborativas.

Conteúdo = tarefas, assuntos e problemas a ser abordados.

São da responsabilidade do líder e poderão ser delegados no grupo que é convidado a iniciar um processo colaborativo.

Processo = como as coisas são discutidas, incluindo formato de sessão, normas e procedimentos, métodos de decisão e ferramentas.

São da responsabilidade dos facilitadores externos, nomeados para o efeito.

No domínio das pessoas, os facilitadores de grupo assumem o papel de guia ou líder de discussão e são responsáveis por fazer com que os membros do grupo assumam a responsabilidade pelo conteúdo da reunião comprometendo-se com as decisões que forem tomadas.

Sempre que um gestor ou professor estiver ciente destes dois tipos de facilitação (conteúdo e processo), ela ou ele poderá adotar os valores centrais da facilitação e aplicando-os tornar-se um líder facilitador.

🎯 Esta é, na sua essência, a principal faceta de um arquiteto da colaboração: ser um líder facilitador que transforma as equipes ou as organizações que dirige, tornando-as mais colaborativas.

Gerir o trabalho individual é diferente de gerir o trabalho em equipe. O primeiro caracteriza-se pela coordenação e sincronização de tempos, enquanto o segundo se baseia na autonomia e criatividade dos seus membros.

Empresas inteligentes aprenderam a entender estas diferenças e a converter os seus grupos em equipes de alto rendimento, que conseguem obter a participação genuína de todos seus membros através da facilitação de grupos.

A gestão participada e a facilitação de grupos que leva à participação genuína exige um estilo de liderança por parte do gestor (ou responsável pela tarefa do grupo) que se baseia fundamentalmente nos seguintes pontos:

- → Confiar que as pessoas que pensam juntas e decidem autonomamente chegam às melhores soluções possíveis.
- → Aceitar as soluções fornecidas pelos Participantes, embora estas certamente não serão o que o líder teria preferido.
- → Aceitar que nunca será possível controlar pessoas, mas apenas as estruturas em que estas operam.

Caso estes valores não sejam aceites e partilhados pelo gestor ou promotor da mudança, então a facilitação de grupos é totalmente contraindicada.

Dependendo dos seus conhecimentos de facilitação de grupo, os líderes facilitadores poderão igualmente propor diferentes formas de organizar os processos de grupo e desenhar *workshops* de qualidade.

Espero que este livro possa ter ajudado a melhorar os seus conhecimentos nesta matéria, para poder criar uma cultura de reuniões mais colaborativa, onde ocorra a participação genuína do mais importante ativo de qualquer organização - as pessoas.

Anexo I

COMPETÊNCIAS BÁSICAS DO FACILITADOR

ENQUADRAMENTO

A Associação Internacional de Facilitadores (AIF) é o organismo mundial criado para promover, apoiar e dinamizar a arte e a prática da facilitação profissional, através da partilha de métodos, crescimento e desenvolvimento profissional, investigação prática e redes profissionais.

As Competências Básicas do Facilitador foram desenvolvidas ao longo do tempo, pela IAF (International Association of Facilitators), com o apoio dos seus membros e facilitadores de todo o mundo. As competências integram as capacidades, conhecimentos e comportamentos fundamentais que cada facilitador, individualmente, deve evidenciar no exercício da facilitação, e garantem o seu sucesso nos mais variados contextos e ambientes.

Em resposta às necessidades dos seus membros e clientes, a IAF também criou a designação de Certificação Profissional de Facilitação - CPF (IAF Certified™ Professional

Facilitator - CPF). A CPF promove facilitadores profissionais credenciados. Esta credenciação garante, de forma inequívoca, a competência de cada indivíduo na arte e profissão da facilitação, através da evidência de cada uma das Competências Básicas do Facilitador.

COMPETÊNCIAS BÁSICAS DO FACILITADOR

A. CRIAR RELAÇÕES DE PARCERIA COM O CLIENTE

A1) Desenvolver parcerias de trabalho

- Clarifica os compromissos mútuos
- Acorda tarefas, entregáveis, papeis e responsabilidades
- Demonstra valores e processos colaborativos tais como a co-facilitação

A2) Desenhar e customizar intervenções para satisfazer as necessidades do cliente

- Analisa o contexto organizacional
- Diagnostica as necessidades do cliente
- Cria propostas adequadas para obter os resultados pretendidos
- Predefine um produto ou serviço de qualidade e respetivos resultados, com o cliente

A3) Gerir eficazmente as sessões

- Acorda os objetivos e os entregáveis com o cliente
- Elabora o plano da sessão
- Realiza a sessão, com sucesso
- Avalia a satisfação do cliente em todas as etapas da sessão ou projeto

B. ORGANIZAR PROCESSOS DE GRUPO

B1) Selecionar métodos e processos claros que...

- Estimulem a participação aberta, respeitando a cultura do cliente, as normas e a diversidade dos participantes
- Promovam a participação de todos os estilos de pensamento e estilos de aprendizagem diferentes.
- Consigam um resultado – produto ou serviço - de alta qualidade, que satisfaça as necessidades do cliente

B2) Organizar os recursos – tempo e espaço – para as atividades do grupo

- Identifica e organiza o espaço físico, em linha com o propósito da sessão
- Organiza o tempo eficazmente
- Fomenta o ambiente adequado e de suporte às sessões

C. CRIAR E SUSTENTAR UM AMBIENTE PARTICIPATIVO

C1) Demonstrar competências de comunicação interpessoal e participativa

- Aplica uma variedade de processos participativos
    - Demonstra competências de comunicação verbal eficazes
    - Desenvolve relações positivas com os participantes
    - Pratica a escuta ativa
    - Demonstra capacidade para observar e dar *feedback* aos participantes

C2) Honrar e reconhecer a diversidade, assegurando a inclusão

- Encoraja um ambiente para a partilha de experiências e das percepções dos participantes
- Fomenta um ambiente de confiança e segurança
- Providencia oportunidades para que os participantes beneficiem da diversidade do grupo
- Promove a sensibilização e consciencialização sobre diversidade e inclusão

C3) Gerir o conflito no grupo

- Apoia os indivíduos na descoberta e adequação de pressupostos e preconceitos

- Reconhece o conflito e o seu papel na aprendizagem e maturidade do grupo
- Cria um ambiente seguro à vivência do conflito
- Gere comportamentos disfuncionais ou provocatórios
- Apoia o grupo na resolução do conflito

C4) Estimular a criatividade do grupo

- Aproveita os estilos de aprendizagem e de pensamento de todos os participantes
- Encoraja o pensamento criativo
- Aceita todas as ideias
- Utiliza abordagens que melhor se adequam às necessidades e capacidades do grupo
- Energiza continuamente o grupo

D. ORIENTAR O GRUPO PARA RESULTADOS ÚTEIS E ADEQUADOS

D1) Guiar o grupo com métodos e processos claros

- Estabelece um contexto claro para a sessão
- Escuta ativamente, questiona e resume por forma a extrair a essência do que o grupo expressa
- Identifica desvios e pontos de interseção, direcionando para a tarefa

- Gere processos de grupos grandes ou pequenos

D2) Facilitar a autoconsciência do grupo perante as tarefas

- Modifica e ajusta o ritmo das atividades de acordo com as necessidades do grupo
- Identifica a informação que o grupo precisa e integra os conhecimentos e as percepções do grupo
- Ajuda o grupo a identificar e a resumir padrões, tendências, causas e marcos para a ação
- Apoia o grupo na reflexão sobre as suas próprias experiências

D3) Guiar o grupo para o consenso e resultados desejados

- Usa uma variedade de abordagens para conseguir o consenso do grupo
- Usa uma variedade de abordagens para atingir os resultados do grupo
- Adapta processos consoante as situações e necessidades do grupo
- Avalia e comunica o progresso do grupo
- Promove a conclusão das tarefas

E. ACTUALIZAR E MANTER O CONHECIMENTO PROFISSIONAL

E1) Manter os conhecimentos atualizados

- Tem conhecimentos de gestão, sistemas e desenvolvimento organizacional, desenvolvimento de grupos, psicologia e resolução de conflitos
- Compreende as dinâmicas da mudança
- Compreende as teorias da aprendizagem e do desenvolvimento

E2) Conhecer uma gama diversificada de métodos de facilitação

- Compreende os modelos de tomada de decisão e de resolução de problemas
- Conhece diversos métodos e técnicas de grupo e sabe as consequências da utilização indevida dos métodos de trabalho
- Distingue um processo de uma tarefa e do seu conteúdo
- Aprende novos processos, métodos e modelos como suporte às necessidades de mudança emergentes do cliente

E3) Manter uma postura profissional

- Envolve-se na aprendizagem e desenvolvimento contínuos, nas suas áreas de especialidade
- Atualiza-se constantemente com informação relevante para a profissão
- Pratica a reflexão e o estudo
- Desenvolve parcerias no sector em que está inserido

- Mantém a sua certificação ativa

F. MODELAR UMA ATITUDE PROFISSIONAL POSITIVA

F1) Praticar a auto avaliação e a autoconsciência

- Reflete sobre os seus comportamentos e resultados
- Mantém uma congruência entre as suas ações e os seus valores pessoais
- Modifica o seu comportamento e estilo pessoal, refletindo as necessidades do grupo
- Cultiva a compreensão dos seus valores pessoais e seu potencial impacto, ao trabalhar com os clientes

F2) Agir com integridade

- Demonstra uma crença no grupo e nas suas possibilidades
- Aborda as situações com autenticidade e com atitude positiva
- Descreve as situações como um facilitador as vê, e explora os diversos pontos de vista
- Modela os limites profissionais e éticos (como descrito no Código de Conduta e na Declaração de Valores da AIF)

F3) Confiar no potencial do grupo e modelar a neutralidade

- Honra a sabedoria do grupo
- Encoraja a confiança na capacidade e nas experiências dos outros

- Está alerta para minimizar a sua influência nos resultados do grupo

- Mantém uma postura objetiva, não defensiva e livre de juízos de valor.

© IAF 2015

Anexo II

Notas da sessão "Radio Station" no Meetup da IAF dia 19/04/18 no Porto,

https://www.eventbrite.pt/e/meetup-porto-iaf-facilitacao-de-grupos-um-exemplo-pratico-radio-station-tickets-44771272080#

Algumas coisas que queria destacar sobre esta sessão:

- Quando eu inventei este exercício - 'radio station' (1) - foi com o intuito de criar uma atividade de preparação de um grupo composto por membros do ministério dos negócios estrangeiros holandês e reunidos para decidir sobre um conjunto de projetos de ajuda externa. O nosso cliente pretendia que essas escolhas não fossem feitas com base em preferências individuais, mas sim tendo em conta um conjunto de critérios políticos de ajuda externa adotados pelo governo holandês e que deveriam ser seguidos por todos.

- Nesse contexto, a criação de um exercício que elucidasse a diferença entre uma escolha com base em preferências (que música mais gostas) e escolha com base em critérios (que música escolher para esta estação de rádio) foi aceite pelo meu cliente.

- Assim sendo, esta atividade forma parte de uma agenda mais ampla de um dia de trabalho e ao ser conduzida no início da reunião, ela deverá contribuir para que o grupo se possa coesionar e baixar as resistências dos membros à participação, ou seja fazer com que cada pessoa neste grupo se sinta cómoda e segura por compartilhar uma opinião.

Notas sobre o desenho desta atividade propriamente dita e que podem acompanhar pelo esquema na imagem abaixo:

- Iniciámos a sessão com o "jogo dos extremos" (2), no qual pedimos aos participantes para formarem uma linha imaginária onde se devem posicionar de acordo com as suas idades. Pedi depois para se organizarem por anos de experiência profissional, mas a instrução foi ambígua, devia ter sido experiência em facilitação para poder dar resultados mais interessantes. Entre a primeira (idade) e a segunda linha (anos de experiência profissional) as diferenças foram mínimas.

- O segundo momento da sessão consiste em formar grupos (que para o nosso fim deviam ser o mais heterogêneos possíveis) e por isso pedi que cada participante mais velho se juntasse a uma pessoa mais nova para formarem pares.

- Esses pares foram depois convidados a sentarem-se frente a frente e apresentarem-se entre si formando um "*speed dating*";

- Depois pedi para os pares se juntarem a outro par e obtive assim os meus 4 grupos de trabalho, com os quais iremos desenrolar as duas etapas do exercício "radio station".

- Ao ter participantes que não se conhecem bem entre si, optei por usar "duas verdades e uma mentira" (3), uma atividade que consiste em pedir a cada membro do grupo que diga duas verdades e uma mentira sobre si próprio, convidando o grupo a descobrir quais seriam as mentiras e quais as verdades. Esta é uma atividade que permite um grande grau de revelação pessoal num clima divertido o qual faz aproximar as pessoas.

- Uma vez concluída esta "fase de aquecimento" (warm up), convidei os grupos a passarem para uma área da sala onde havia disposto as mesas de 4 para o trabalho em grupo, fazendo um breve '*debriefing*' do porquê e para quê destas atividades iniciais.

- Uma vez aqui fizemos uma pausa de 30 segundos de silêncio para criar uma separação psicológica com as tarefas de aquecimento e lancei uma atividade de reflexão em grupo: qual ou quais a perguntas que os participantes desejariam ver respondidos com esta sessão? Com isto o que pretendi foi que a avaliação da sessão fosse feita a partir das expectativas dos participantes antes de entrarem no exercício "radio station" propriamente dito. Assim poderíamos medir melhor em que medida o mesmo posso ou não ter respondido às expectativas dos participantes.

- Dentro do tempo previsto, lancei a primeira parte do exercício (preferências de grupo) e controlando os tempos efetuei uma pausa para comparar resultados de grupo e promover uma reflexão sobre o grau de facilidade em conseguir unir as preferências de todos numa única lista de grupo. O que observei neste grupo composto por facilitadores é que por defeito algumas das mesas desenvolveram estratégias de consenso em redor de temas (músicas para animar, etc.) ou seja escolha de tarefas facilitadoras para a obtenção de consenso.

- Na segunda parte, distribui a cada grupo uma lista de estações de rádio, com pequenas descrições das mesmas e pedi para escolherem uma e a partir daí definir uma grelha musical adaptada a essa estação para um programa matinal. No final fizemos a comparação dos resultados de cada grupo e o aplauso a todos para o trabalho realizado.

- Finalmente convidei todos os participantes a voltarem de novo para o círculo e efetuarmos a reflexão conjunta sobre a sessão - o que é que aprendemos hoje aqui.

A sessão de partilha foi muito rica e é impossível descrever aqui a riqueza da aprendizagem coletiva que este grupo alcançou. Alguns participantes tinham perguntas estudadas 'como lidar com participantes difíceis' que não foram respondidas pelo exercício.

No meu caso aprendi que ao dar a opção de escolha das estações de rádio aos grupos antes de escolherem o seu alinhamento musical, fez-nos perder um tempo precioso. Uma participante chamou-me a atenção que a pre-assignação de estações de rádio (familiar, noticias, rock, etc.) será mais útil para provocar ainda mais a necessidade de convergência no grupo. Fiquei com esse registo como válido e perdoei a mim próprio este gosto por fazer experiências. Mas no fundo são elas que nos permitem aprender. Um facilitador que diga "eu já sei tudo sobre facilitação" está a negar um dos princípios de conduta da IAF - manter um permanente nível de desenvolvimento profissional.

Isso consegue-se de duas formas exercendo a facilitação, mas também por participar em reuniões facilitadas.

Se deseja aprender mais sobre facilitação participe no próximo Workshop de dia 11 e 12 maio, por Ricardo Teixeira, membro da comunidade da IAF Paris. Um workshop com o apoio da IAF Portugal. Para saber mais: iaf.portugues@gmail.com ou esteja atento aos próximos eventos da IAF.

Notas:
(1) https://workshopbank.com/radio-station-workshop
(2) https://www.icebreakers.ws/.../extremes-game-where-do-you-sta...
(3) https://hobbylark.com/.../Two-Truths-and-a-Lie-Party-Games-fo...

Anexo III

Uma tabela com os papéis e as definições de responsabilidades numa reunião usada no manual interno da groupVision Consulting – Tecnologías para la colaboración SL.

CARGOS EN LA REUNIÓN	RESPONSABILIDAD
INICIADOR	Convocar la reunión y establecer claramente sus objetivos. Definir los asistentes a la reunión y aprobar la agenda. Designar la persona o personas que desarrollan los diversos roles definidos en esta instrucción técnica. Realizar el seguimiento de las conclusiones contenidas en el acta en el caso que no exista un responsable asignado a las mismas.
SPONSOR	Persona que autoriza la reunión y aprueba sus objetivos.
ORGANIZADOR	Recabar temas para la agenda. Haciendo una propuesta de agenda coherente con los objetivos, asignación de tiempo para cada item e intervalos de descanso si los hubiere. Informar a los asistentes con suficiente antelación sobre la fecha, el lugar, hora de comienzo y final de la reunión. Compartir con los asistentes los datos preliminares y la información relacionada con los objetivos de la reunión. Solicitar al Gestor de Sala: la reserva de la sala y los equipos necesarios (técnicos y el material de oficina de apoyo y preparación de sala: sillas, iluminación y ventilación / etc).
FACILITADOR (MODERADOR)	En la apertura de la reunión dejar claro los objetivos y qué puntos de la reunión son informativos, cuáles para intercambiar opiniones y cuáles para toma de decisiones. Por delegación del *iniciador* podrá ejercer el liderazgo de la reunión, estableciendo con claridad una conclusión a cada punto tratado (que comprenderá el qué, quién y cuándo). Cuando surjan temas imprevistos en la agenda, desviando la reunión de alcanzar sus objetivos, retomar la discusión de nuevo. En los momentos de intercambio de ideas, fomentar la participación de todos, distribuyendo las intervenciones.

CARGOS EN LA REUNIÓN	RESPONSABILIDAD
RECORDER	Al final de cada punto el recorder expondrá ordenadamente las conclusiones acordadas, con las fechas y responsables asignados por el Líder de la reunión. Envio del cuestionário de satisfacción a los participantes. Subir el acta a la plataforma de uso compartido (Google Drive).
PARTICIPANTES	Puntualidad. Asistir a la reunión con derecho a intervenir, según los princípios establecidos por el método de interacción: actitud colaborativa, pensamiento estratégico y comportamientos facilitadores. Contestar el cuestionario de satisfacción de las reuniones.
GESTOR DE SALA	Garantizar la instalación de la sala y equipos necesarios solicitados por el organizador (técnicos y el material de oficina de apoyo y preparación de sala: sillas, iluminación y ventilación / etc). Comprobar in situ que las instalaciones y material de apoyo prescritas por el organizador están conformes y funcionan de forma previa a la reunión, informando al organizador con antelación suficiente por si hubiese que realizar cambios. Revisar en el final que la sala quedó devidamente preparada para la siguiente utilización.

Facilitação de grupos em português

👥 **Algumas empresas que prestam serviços de facilitação no Brasil:**

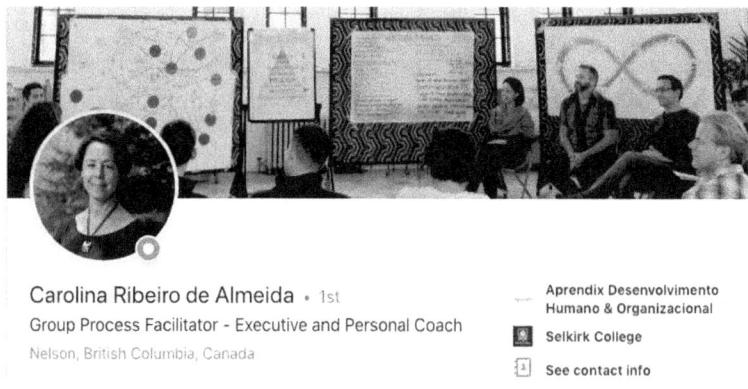

Contatar:https://www.linkedin.com/in/carolina-ribeiro-de-almeida-21448634/

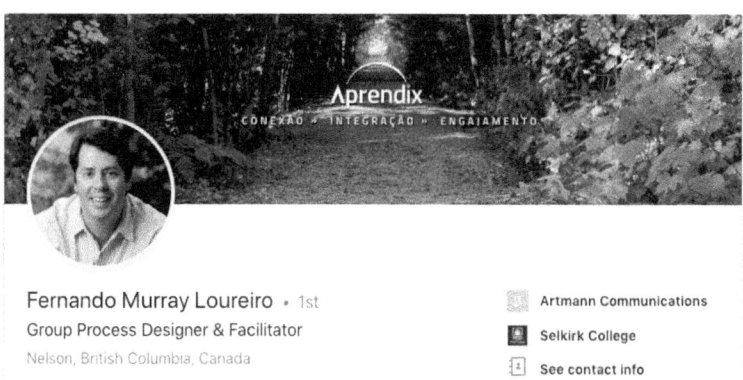

Contatar: https://www.linkedin.com/in/fernandomurray/

👥 **Algumas empresas que prestam serviços de facilitação em Portugal:**

Contatar: https://www.linkedin.com/in/anaumbelino/

Contatar: https://www.linkedin.com/in/thebloomproject/

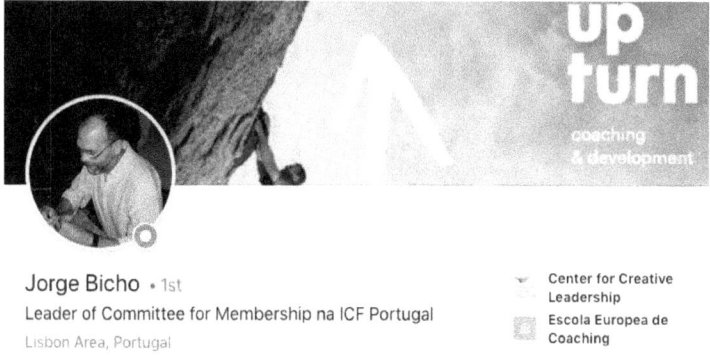

Jorge Bicho • 1st
Leader of Committee for Membership na ICF Portugal
Lisbon Area, Portugal

Center for Creative Leadership
Escola Europeia de Coaching

Contatar: https://www.linkedin.com/in/jorgebicho/

Rita Oliveira Pelica • 1st
Innerpreneur. Curious mind & Networker. Chief Energy Officer & Founder ONYOU
Lisbon Area, Portugal

IADE - Creative University
See contact info
500+ connections

Contatar: https://www.linkedin.com/in/ritaoliveirapelica/

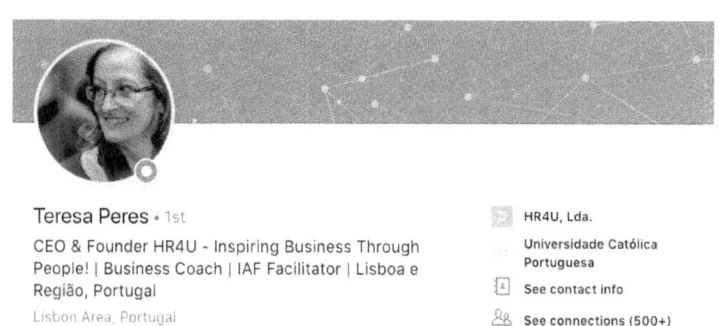

Teresa Peres • 1st
CEO & Founder HR4U - Inspiring Business Through People! | Business Coach | IAF Facilitator | Lisboa e Região, Portugal
Lisbon Area, Portugal

HR4U, Lda.
Universidade Católica Portuguesa
See contact info
See connections (500+)

Contatar: https://www.linkedin.com/in/teresa-peres-6b0a643/

Referências bibliográficas

Bens, I (2005) Advanced Facilitation Strategies: Tools and techniques to master difficult situations, PB Printing.

Cembranos, F., Medina, J.A. (2003) Grupos Inteligentes: Teoría y Práctica del Trabajo en Equipo. Madrid: Popular

Choi, H. Jeon Y., Park H., Nah K., (2018) Collaborative workshop between client and agency for open innovation. *Journal of Open Innovation: Technology, Market, and ComplexityTechnology, Market, and Complexity* 2018 4:13 https://doi.org/10.1186/s40852-018-0082-7

Harisson, O. (1997) Expanding our Now: The Story of Open Space Technology. CA: Berret-Koelher

Hunter, D. (2007) The Art of Facilitation: The Essentials for Leading Great Meetings and Creating Group Synergy. NJ: Jossey-Bass

Kaner, Sam; Lind, Lenny; Toldi, Catherine; Fisk, Sarah; Berger, Duane; Doyle, Michael. (2007). *Facilitator's Guide to Participatory Decision-Making.* Hoboken, NJ: Jossey-Bass.

Lipmanowicz, Henri; McCandless, Keith (2013) The Surprising Power of Liberating Structures: Simple Rules to Unleash A Culture of Innovation. Seattle, WA: Liberating structures Press.

Loureiro, F.M. (2018) Estruturas Libertadoras: Um novo caminho na facilitação de grupos. https://medium.com/@fernandomurrayloureiro

Moliní, E. (2012) *Libro sobre Participación Genuína: el Arte de Pensar, Decidir y Trabajar Juntos.* Molini, Partners in Change.

Owen, H. (1997) *Open Space Technology: A User's Guide*(3rd Edition), Berrett-Koehler.

Robertson, B. (2015) *Holacracy: The New Management System for a Rapidly Changing* World. Macmillan USA

Roschelle, J., & Teasley, S. D. (1995). The construction of shared knowledge in collaborative problem solving. In C. E. O'Malley (Ed.), *Computer-Supported Collaborative Learning* (pp.69-197). Berlin: Springer-Verlag.

Spencer, L. J. (1989). Winning through participation: Meeting the challenge of corporate change with the Technology of participation. Dubuque, Iowa: Kendall/Hunt Pub. Co.

Strauss, D. (2002) How to Make Collaboration Work: Powerful Ways to Build Consensus, Solve Problems and Make Decisions. San Francisco, CA: BK Inc.

Williams, R B (2007) More than Fifty Ways to Build Team Consensus, CA: Corwin Press

Referências

[i] https://pt.linkedin.com/pulse/componente-ambiental-do-workplace-workspace-ant%C3%B3nio-fernandes

[ii] https://en.wikipedia.org/wiki/Coworking

[iii] https://highfive.com/blog/5-reasons-huddle-rooms-ultimate-collaboration-stations/

[iv] https://en.wikipedia.org/wiki/Hot_desking

[v] https://www.lifewire.com/what-is-groupware-2377429

[vi] https://www.futuresource-consulting.com/reports/report/r/futuresource_team_collaboration_displays_h2_2017/i/528083

[vii] https://www.linkedin.com/pulse/whats-collaboration-architect-paul-nunesdea/

[viii] https://products.office.com/en-us/microsoft-teams/group-chat-software

[ix] https://medium.com/@geraldgordinier/facilitation-materials-for-your-ux-toolkit-962a6b9cdc70

[xx] https://www.capterra.com/web-conferencing-software/

[xi] https://pt.wikipedia.org/wiki/Taylorismo

[xii] http://www.tavinstitute.org/

[xiii] https://en.wikipedia.org/wiki/Soft_systems_methodology

[xivxiv] https://en.wikipedia.org/wiki/Soft_systems_methodology

[xv] https://en.wikipedia.org/wiki/Peter_Checkland

[xvi] https://pt.wikipedia.org/wiki/Pensamento_sist%C3%AAmico

[xvii] In Sam Kaner (2007). Facilitators Guide to Participatory Decision-Making, Wiley.

[xviii] https://en.wikipedia.org/wiki/Design_thinking

[xix] https://en.wikipedia.org/wiki/Scrum_(software_development)

[xx] https://www.linkedin.com/pulse/whats-collaboration-architect-paul-nunesdea/

[xxi] http://interactionassociates.com/

[xxii] Strauss, D. (2002) How to Make Collaboration Work: Powerful Ways to Build Consensus, Solve Problems and Make Decisions. San Francisco, CA: BK Inc.

[xxiii] http://molini.es

[xxiv] https://hdhtech.com/why-video-teleconferencing-is-gaining-popularity/

[xxv] https://www.theguardian.com/artanddesign/2016/may/22/nap-pods-and-rooftop-parks-how-silicon-valley-is-reinventing-the-office

[xxvi] https://en.wikipedia.org/wiki/Human_relations_movement

[xxvii] Blak, Mouton e Allen, 1987, citado em Williams R.B, (2007) - Mais de 50 maneiras de construir o consenso da equipe.

[xxviii] https://exame.abril.com.br/negocios/como-a-nova-teoria-de-gestao-da-zappos-dara-adeus-aos-chefes/

[xxix] https://www.linkedin.com/pulse/meetings-vs-workshops-paul-nunesdea/

[xxxxxx] https://en.wikipedia.org/wiki/Volatility,_uncertainty,_complexity_and_ambiguity

[xxxi] http://agilemanifesto.org/

[xxxii] http://davidsibbet.com/

[xxxiii] https://www.iaf-world.org/site/events/iaf-oceania-regional-conference-melbourne-australia

[xxxiv] https://www.youtube.com/watch?v=BfzOFJQNR5k

[xxxv] https://www.linkedin.com/pulse/group-discussion-support-systems-paul-nunesdea/

[xxxvi] In Sam Kaner (2007). Facilitators Guide to Participatory Decision-Making, Wiley.

[xxxvii] https://blog.lucidmeetings.com/blog/meeting-execution-the-underlying-structure-of-meetings-that-work

[xxxviii] https://www.linkedin.com/pulse/group-discussion-support-systems-paul-nunesdea/

[xxxix] https://www.powernoodle.com/

[xl] https://www.lucidmeetings.com/

[xli] https://www.rijksoverheid.nl/ministeries/ministerie-van-infrastructuur-en-waterstaat

[xlii][xlii] https://www.rijkswaterstaat.nl/zakelijk/innovatie-en-duurzame-leefomgeving/lef-future-center

[xliii] https://en.wikipedia.org/wiki/Living_lab

[xliv] https://www.top-network.org/use-focused-conversation

[xlv] https://www.dicio.com.br/vivencia/

[xlvi] https://www.lego.com/en-us/seriousplay

[xlvii][xlvii] https://www.todostuslibros.com/libros/grupos-inteligentes_978-84-7884-261-2

[xlviii] Cembranos, F., Medina, J.A. (2003) Grupos Inteligentes: Teoría y Práctica del Trabajo en Equipo. Madrid: Popular

[xlix] https://en.wikipedia.org/wiki/Pablo_Picasso

[l] https://www.grove.com/

[li] http://top-facilitation.com/empowering-tools/consensus-workshop-method/

[lii] https://en.wikipedia.org/wiki/Mahori

[liii] http://www.zenergyglobal.com/courses/index.htm

[liv] https://www.grovc.com/

[lv] http://www.ica-international.org/top-facilitation/

[lvi] http://www.communityatwork.com/staff.html

[lvii] http://www.liberatingstructures.com/

[lviii] https://en.wikipedia.org/wiki/Double-loop_learning

[lix] http://www.schwarzassociates.com/

[lx] http://www.openspaceworld.com/users_guide.htm

[lxi] http://www.zenergyglobal.com/

[lxii] https://en.wikipedia.org/wiki/Cave_of_Altamira

[lxiii] https://www.linkedin.com/company/venuegen/

[lxiv] https://www.linkedin.com/pulse/collaboration-vs-group-decision-making-paul-nunesdea/

[lxv] https://scholar.google.com/citations?user=T7MtZl0AAAAJ&hl=en

[lxvi] https://www.thoughtco.com/visual-metaphor-1692595

[lxvii] http://www.liberatingstructures.com/

[lxviii] http://www.ica-international.org/top-facilitation/top-facilitation/

[lxix] https://www.grove.com/

[lxx] https://www.groupvision.com/gdss-buy/